석
탄
사
회

이 책은 2022년도 포스텍 융합문명연구원의 지원을 받아 연구되었습니다.

This book published here was supported by the POSTECH Research Institute for Convergence Civilization（RICC）in 2022.

석탄 사회

탄소중립 시대,
사라지지 않는 석탄이 그리는
산업의 미래

황동수·이상호 지음

차
례

세계 각지에서 들려오는 이상기후 현상들은 '기후변화'라는 전 지구적 현상이 우리의 일상 가까이 다가왔다고 체감하게 합니다. 그리고 기후변화의 주범이자 대표적인 온실가스인 이산화탄소를 어떻게든 줄여나가야 한다는 것을 알려주고 있지요.

한국의 1인당 이산화탄소 배출량은 2012년 기준으로 세계 7위이며,[1] 2018년에는 사우디아라비아, 미국, 캐나다에 이어 전 세계에서 네 번째로 배출량이 많다는 기사를 본 적이 있습니다.[2] 글로벌카본프로젝트는 2030년에 한국의 1인당 이산화탄소 배출량이 세계 1위로 상승할 것으로 예상하기도 합니다.

우리나라는 상대적으로 대중교통 활용도가 높고 분리수거 참여율이 높으며 폐자원의 재활용 이용률이 높다 보니, 많은 사람이 온실가스 감축 모범 국가라고 생각하는 경향이 있습니다. 따라서 우리나라의 온실가스 배출량이 더욱 상승할 것이라는 이야기를 믿기 어려울 것입니다. 저도 마찬가지였습니다. 지난 10년간 대한민국 인구 1명당 온실가스 배출량은 오히려 상승하고 있으며, 앞으로 10년간 더욱 상승할 것이라는 이 불편한 진실을 믿기는 쉽지 않았습니다.

그렇다면 우리가 체감하는 삶과 공신력 있는 보고서와의 괴리는 왜 발생한 것일까요? 이러한 의문을 가진 채 지내다가, 포스코에서 철을 연구하는 이상호 연구위원과 커피를 마시면서 이 질문에 대한 답을 찾을 수 있었습니다. 30년 넘게 철을 연구한 그는 철 1킬로그램을 제련하기 위해서는 반드시 약 1킬로그램의 석탄을 사용해야 한다고 말했습니다. 그리고 그 석탄의 양에 비례하여 이산화탄소가 배출된다는 것이지요. 우리나라는 세계 10위권인 자동차 산업과 세계 1위권인 조선 산업이 경쟁력을 갖기 위해 계속해서 철을 사용해야 했고, 이 산업들이 사용하는 철강 소재를 공급하기 위해 사용한 석탄이 국민 1인당 이산화탄소 배출량을 높이는 원인이었던 것이지요.

환경공학 교수로서 대학 강단에서는 환경오염의 주범으로 석탄을 지목해 왔고, 따라서 18~19세기에나 있었을 검은 굴뚝을 연상시키는 석탄 관련 산업들은 대한민국에 대부분 남아 있지 않을 거라고 착각해 왔음을 그제야 깨닫게 되었습니다. 미래 사회에서 석탄은 퇴출될 것이고, 마땅히 그래야 한다는 저의 가치관도 이상호 연구위원과 대화를 나누면서 흔들리게 되었습니다.

결국 한국의 독자들에게도 우리나라가 석탄에 대한 의존도를 쉽게 낮출 수 없는 이유를 설명하고 독자들과 함께 탄소중립으로 나아갈 방향을 고민해야 한다는 필요성을 느낀 저는, 이상호 연구위원과 함께 원고를 집필하기 시작했습니다.

2020년 12월, 대한민국 정부는 석탄을 대체에너지로 바꾸고자 노력하고 있고 2050년까지 이산화탄소의 배출량을 0으로 줄여 탄소중립에 다다를 것이라고 선언했습니다. 하지만 석탄에 관해 공부하면 할수록, 석탄에 대한 의존증은 산업혁명 이후 200년이 넘게 해결하지 못한 난제이며, 우리나라의 석탄 소비량이 세계 최대 수준이라는 문제를 인식하지 않는다면 석탄으로부터의 진정한 독립에 도달할 수 없을 것이라는 결론에 이르게 되었습니다.

흔히 석탄 산업을 에너지 산업으로 보고, 단순하게 기

후변화 문제와 연결하는 경우를 보고는 합니다. 그러나 저는 석탄 산업이 '에너지 산업'이면서 동시에 '소재 산업'이라는 것을 강조하고 싶습니다. 책을 읽어보신 후에 석탄 산업이 '소재 산업'에도 매우 중요한 자원이라는 것을 인지하시기를 소망해 봅니다.

한편 철강 산업의 미래기술 중 수소환원제철에 관해서도 논의할 필요가 있습니다. 철을 생산할 때 석탄 대신 수소를 활용하는 수소환원제철은 이산화탄소를 배출하지 않으려는 제철 기술이지만, 개념상 탄소의 소비량을 혁신적으로 감소시켜 주는 기술일 뿐 탄소 독립 기술로 이해해서는 안 됩니다. 전 세계적으로도 이미 그 기술의 개발을 서두르고 있는 수소환원제철은 미래 철강 산업이 지향해야 할 방향이지만, 그전에 우리는 기술의 배경과 한계, 기술적 의미를 먼저 살펴봐야 함을 말하고 싶었습니다.

이 책이 석탄 사용에 대한 산업계의 변명이 아닌, 대한민국 주력 산업과 석탄의 상관관계를 이해하고 그로부터의 독립을 함께 꾀하는 기회가 되기를 바랍니다.

황동수

1부

석탄에서 시작된
현대 문명

1. 석탄의 출현

휘발유는 포도당
디젤은 지방

석탄을 포함한 화석연료는 현재 전 세계에 공급되는 에너지자원의 약 90퍼센트를 차지합니다. 오늘날 인류가 사용하는 석탄 대부분을 구성하는 물질은 탄화수소hydrocarbon로, 이는 선사시대에 살았던 생물을 구성하던 유기물이 화석화되면서 생성된 것입니다.

그런데 이러한 선사시대 생물을 구성하는 유기물이 어떻게 에너지자원으로 전환된 것일까요? 석탄 혹은 석유 같은 화석연료는 아쉽게도 정확한 생성 기작을 설명하기가 어렵습니다. 과거에 일어났던 역사적 사실들을 100퍼센트 정확하게 알 수 있는 과학적 방법론을 인류가 갖고 있지 않기 때문이지요. 하지만 현재 인류가 그동안 습득한 과학적 상식들을 통해서 학계에서는 어렴풋하게나마 믿을 만한 가설을 제시하고 있습니다.

보통 교과서에서는 화석연료란 아주 오래전 지구에서 번성했던 생명체들의 유기물이 땅속에 매몰된 후에 탄화수소로 변환된 물질이라고 설명합니다. 오래전 생명체들도 현재 우리와 같이 탄수화물, 지방, 단백질의 3대 유기물의 화학구조와 유사한 유기물을 사용했다고 가정해 보면 재미있는 결론을 도출할 수 있습니다.

기후변화 측면에서 이산화탄소는 온실가스입니다. 하지만 에너지의 관점으로 바라봤을 때 이산화탄소는 태양에서 오는 빛에너지를 지구 생태계에 머물게 하고 저장하게 해주는 가장 대표적인 '에너지 저장물질'입니다.

화학적으로 볼 때는, 에너지를 전혀 갖지 않은 신기한 화합물이지요. 지구상의 식물들은 태양에서 오는 빛에너지를 흡수한 후 광합성이라는 생물학적 과정을 통해서 에너

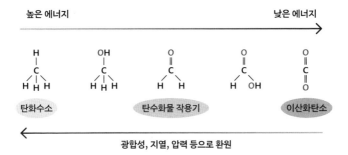

그림 1 탄화수소, 탄수화물, 이산화탄소로 이어지는 에너지의 흐름. 이산화탄소에서 광합성을 통해 탄수화물이 만들어지고, 탄수화물은 지구환경에서 다양한 경로로의 에너지 흡수를 통해 탄화수소로 변환된다. 반대로 탄화수소는 에너지를 배출하면서 탄수화물, 그다음 에너지가 없는 이산화탄소로 전환된다.

지가 전혀 없는 이산화탄소에 빛에너지를 저장하는데, 이렇게 생성된 물질이 탄수화물, 지방, 단백질입니다. 즉, 생명체들의 활동으로 이산화탄소에 에너지가 저장되면 탄소가 생성되는데, 유기물이란 이렇게 생성된 탄소를 함유한 물질이라고 정의할 수 있습니다.

　이러한 영양소, 즉 에너지가 저장된 이산화탄소의 변환 물질들이 생태계의 먹이사슬을 통해서 다양한 생명체들로 이동합니다. 이렇게 지구상에 살아가던 생명체가 산소가 있는 곳에서 죽으면 미생물로 인해서 분해(산화), 즉 부패하게 됩니다. 하지만 산소가 없는 장소, 가령 바닷가의 갯벌에 생명체가 매장될 경우, 죽은 생명체의 부패와 산화는 억제됩니다. 만약 생명체가 매장된 곳의 깊이가 매우 깊다면 지구 내부로부터 오는 엄청난 압력과 열에너지를 죽은 생명체의 유기물이 흡수하게 됩니다. 그 결과 유기물이 에너지를 흡수하면서 석탄이나 석유에 들어 있는 탄화수소로 전환되는 것입니다.

생명체에 의해 생성된 유기물들이 땅속이나 갯벌에서 탄화수소로 전환되는 것을 증명하기 위해서, 미국 아르곤 국립연구소의 연구팀은 한 가지 실험을 수행했습니다. 나무를 주성분으로, 물, 진흙을 혼합하고, '산소가 통하지 않는' 밀폐된 용기에 2~8개월 동안 섭씨 150도의 온도에서 보관했더니, '나무'가 '석탄'으로 변환되는 모습이 관찰된 것입니다.[3] 마찬가지로, 육가공 공장에서 버려지는 동물 장기를 '산소가 통하지 않는' 밀폐된 용기에 섭씨 400도에서 2시간 동안 보관해 장기를 텍사스산 경질유로 변환하는 실험도 보고된 적이 있습니다.[4] 즉, 산소가 없는 환경에서 어느 정도의 열과 압력만 있으면(땅속의 지열과 압력), 1년도

안 되는 짧은 시간 안에 생명체의 유기물이 석유와 석탄으로 전환이 가능한 것입니다.

다시 말해서, 지구상 생명체들은 생태계 내에서 이산화탄소라는 물질에 잉여 에너지를 오랫동안 저장해 두었습니다. 그런데 현대 인류가 에너지를 손쉽고 빠르게 쓰기 위해서 이렇게 저축해 둔 지구의 에너지를 빼서 쓰고 있고, 이로 인해 지구의 이산화탄소 부분압이 올라가며 기후변화가 일어나는 것이지요.

대부분 탄화수소는 수많은 생명체가 만들어 낸 탄소를 가지는 화합물이기 때문에 다양한 화학구조를 갖습니다. 그러나 일반적으로 탄소 수를 기준으로 분류됩니다.

석유나 석탄 등의 화석원료에 함유된 탄화수소는 분별증류되어 연료로 쓰이는 천연가스, 휘발유, 디젤 등으로 정제되어 판매되고 있습니다. 흥미롭게도 이들 탄화수소는 현재 생명체들이 만들어 가는 다양한 유기물과 연관되어 있습니다. 예를 들어 탄소 수를 1개에서 4개까지 가진 탄화수소는 '천연가스'로 표시하는데, 세포 내의 대사물질들이 천연가스의 주 물질이 됩니다. 탄소 수를 5개에서 10개까지 가진 탄화수소는 휘발유로 판매되며, 지구상에서 가장

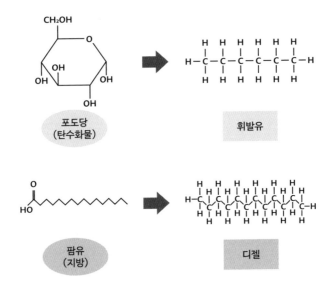

포도당
(탄수화물)

휘발유

팜유
(지방)

디젤

그림 2 영양소와 화석연료의 관계.

풍부한 탄수화물인 포도당(탄소 수 6개)으로 환원되었을 것
으로 예측할 수 있습니다. 또 고급휘발유의 경우 탄소 수가
높은 탄화수소의 함유량으로 결정되는데, 짧은사슬지방산
이나 식물의 리그닌으로부터 유래한 탄화수소를 포함한 것
으로 보고 있습니다. 탄소 수가 10개에서 15개를 가진 탄
화수소로 구성되는 디젤은, 동식물 속에 축적된 지방산들

이 환원되어서 만들어진 것으로 보입니다.

따라서 식물이나 해조류에서 추출된 기름을 활용해서 친환경 '바이오디젤'로 활용하는 연구도 이러한 맥락에서 이해하면 될 것 같습니다. 탄소 수가 16개에서 25개 정도인 탄화수소도, 분자량이 큰 지방산들이 환원되어 현재는 등유나 윤활유로 판매되고 있으며, 탄소 수가 20개~50개 정도인 탄화수소는 꿀벌의 집에서 발견되기도 하며 산업계에서는 밀랍이나 양초로 활용되고 있습니다.

석유를 분별증류해서 얻은 물질 중 가장 많이 활용되는 휘발유나 디젤이 포도당과 지방에서 각각 유래한 것을 생각해 보면, 지구상에서 탄소가 어떻게 순환하는지 더 쉽게 이해가 됩니다. (물론, 크래킹*이라는 공정을 활용해서 비교적 적은 분자량의 휘발유를 대량으로 얻어내기도 합니다.)

정리하자면, 이산화탄소는 지구의 대표적인 에너지 저장물질이고, 이 이산화탄소에 에너지를 저장한 유기물들이 토양의 무기물과 섞이면서 혼합된 것을 '석탄'이라고 정의

- 크래킹은 유기탄소 고분자에서 결합된 탄소와 탄소 사이의 결합을 끊음으로써 작은 분자로 만드는 석유화학 공정을 말한다.

할 수 있습니다. 따라서 석탄이 공기 중에서 산소와 결합하면서 에너지(열)를 외부에 방출하면, 에너지가 없는 이산화탄소로 돌아가는 탄소 순환이 일어나게 되는 것입니다.

2. 환경친화적 에너지, 석탄

석탄 이전에도 산림 파괴는
필연적 결과

먼저, 현재 기술로 철강 1킬로그램을 생산하기 위해서는 석탄도 약 1킬로그램*을 사용해야 합니다. 그러나 기술 수준이 낮았던 중세 시대에는 철 1킬로그램을 생산하기 위해서 무려 1,000킬로그램의 숯이 필요했습니다. 숯 1,000킬

---

* 정확히 말해, 현재 제철 공정에서는 철 1킬로그램을 생산하기 위해서 0.8킬로그램의 석탄이 필요하다.

로그램을 생산하기 위해서는, 1제곱킬로미터(약 30만 평)가 넘는 산림이 필요했습니다.[5] (참고로 경기도 용인시 에버랜드의 총면적이 약 20만 평입니다.)

그러니 중세 이전에 금속으로 된 무기나 장신구를 인류가 생산하기 위해서, 얼마나 많은 양의 산림이 파괴되었는지는 손쉽게 상상할 수 있을 것입니다. 영화와 소설로 유명한 『반지의 제왕The Lord Of The Rings』에서도 오크 병사를 무장시키기 위해서 어마어마한 양의 산림이 파괴되는 내용이 나옵니다. 중세 기사의 철기 및 갑옷의 총 무게가 대략 100킬로그램 정도인 것을 생각해 볼 때, 오크 1만 명을 무장시키는 철기를 생산하기 위해서는 서울시 전체 면적, 약 600제곱킬로미터가 넘는 면적의 산림을 파괴해야 했을 것입니다.[6]

현재 녹지에 둘러싸여 살고 있는 우리는 한반도에 살았던 조상들도 똑같이 녹지에 둘러싸여 살았을 것으로 생각합니다. 하지만 오래전 인간이 거주하던 주거지의 산림은 모두 파괴되었으며, 이로 인한 홍수나 가뭄 피해도 더 심했고 빈번했습니다. 종종 지방자치단체에서는 각 지역의 1900년대 중반대의 사진들을 전시하고는 하는데, 이를 보면 도시를 둘러싼 산들이 한결같이 '민둥산'인 것을 확인할 수 있습니다. 금속을 녹이는 목탄(숯)은 산림에서 비교적 쉽게 얻을 수 있었지만, 그러기 위해서는 막대한 양의 나무를 소비해야만 했던 것이지요. 따라서 금속 제련은 나무를 상대적으로 쉽게 구할 수 있는 깊은 산속에서 진행될 수밖에 없었습니다.

18세기 후반에는 금속 제련 기술이 발전해서 철을 생산하는 데 필요한 목탄의 양이 많이 줄어들었지만, 공업이 번성했던 영국은 산림 지역의 면적이 총면적의 고작 5~10퍼센트에 불과할 정도였습니다. 즉, 18세기 후반의 환경 파괴는 지금보다 더 가혹한 수준이었던 것이지요. 1815년 최상의 조건에서 목탄을 사용하여 생산할 수 있는 강철의 양은 겨우 10만 톤 정도였는데, 그 당시 40만 톤 이상의 철강이 생산되었다는 점과 이후 산업혁명의 확산으로 수백만 톤에 달하는 철이 필요해졌음을 생각했을 때, 산림으로 얻을 수 있는 목탄의 양은 철의 수요에 비해 턱없이 부족한 수준이었습니다.

따라서 석탄이라는 화석원료가 영국에 풍부하지 않았거나 영국이 석탄을 쉽게 발견하고 운송할 수 있던 역사적 사건이 벌어지지 않았다면, 증기기관의 발전도 대단히 늦어졌을 것이고 철강의 생산량도 극도로 감소했을 것입니다. 요컨대 석탄과 식민지가 없었다면 19세기 중국과 마찬가지로 영국도 점점 더 많은 토지와 노동력을 식량을 생산하는 데 투입했을 것이고, 이는 서유럽이 세계의 패권을 가지는 데 영향을 미쳤을 것입니다.

결론적으로 석탄이 산업혁명 시기에 활용되지 않았다면, 산업혁명 이전에 일어났던 산림 파괴도 억제할 수 없었을 것입니다.

무차별적인 벌목으로 인한 산림 파괴

산림이 파괴되는 까닭에는 역사적으로 여러 원인이 있습니다. 크게는 그 원인을 자연적 이유와 인간 활동에 의한 것으로 나눌 수 있지요. 자연적으로 산림이 파괴되는 것은 원인을 알 수 없는 화재, 건기에 발생하는 번개에 의한 산불, 화산 폭발에 의한 대규모 산림 소실 등 때문입니다. 하지만 이 책에서는 인간 활동에 의한 산림 파괴에 초점을 맞쳐 논의를 진행하겠습니다.

사실 산업화 이전에는 인구가 많지 않았고, 난방과 건축용 자재로서 나무를 활용하는 수준이었기 때문에 산림 파괴 현상은 생태적으로 크게 문제가 되지 않는 수준이었습니다. 하지만 산업화가 적극적으로 이루어지고 인구가 폭발적으로 늘어난 18세기 이후에는 대규모로 그리고 무차별적으로 산림 파괴가 진행되었습니다. 농업과 축산업, 토지 개발을 위해서, 특히 최근에는 고가의 광물자원 등을 확보하기 위해 대규모의 벌채가 무분별하게 진행되었습니다.

철의 제련을 위해서 사용되는 원료인 목탄은 환경 파괴의 대표적 원인이었습니다. 특히 철광석에서 순수한 철을 뽑아내는 초기의 제철 공정은 목재를 가공한 목탄을 이용했는데, 이는 즉각적으로 심각한 산림의 황폐화를 가져왔습니다. 기술이 발전한 후에도 18세기에는 여전히 대략 1톤의 철을 생산하기 위해 약 2톤의 목재가 사용되었습니다. 2019년 기준으로 전 세계 철 생산량이 약 19톤이며, 전세계 원목 생산량은 20억 톤에 이릅니다. 제철에 활용되는 나무의 비중을 1cc당 0.5그램이라고 가정한다면, 석탄이 철강 산업에 활용되지 않는다면 철을 만들기 위해서 1년 원

25

목 생산량의 2배를 사용해야만 합니다.

석탄은 산림 보전의
구원투수

인간이 사용하는 무기 성분 재료들은 재료를 만들 때 사용되는 에너지(열) 총량이 각기 다른데, 역사학자들은 이를 기준으로 시대를 구분하기도 합니다. 가령 인간이 사용한 도구를 기준으로 역사를 석기시대, 청동기시대, 철기시대로 나눈 것을 기억할 것입니다. 처음 이 개념은 스칸디나비아 지역의 고대 주민 사회를 구분하는 데 사용되었습니다. 가장 오래된 고대 문명을 자랑하는 이집트에서는 기원전 4000년경에 이미 시나이반도를 비롯한 몇 곳에서 자연동을 채집했으며, 기원전 3600년경 초기 게르제 문화 시대에는 동야금술에 의해 구리 핀이나 바늘 등이 만들어졌습니다. 석기를 제외한 청동기와 철기는 모두 광석을 제련하는 과정이 필요했으며, 이 과정에서 에너지가 필요했습니다. 석탄의 사용 이전, 인류가 유일하게 얻을 수 있는 에너지는 '나무'로부터 얻는 화력이었지요. 다만, 청동기가 철

기보다 앞선 이유는 동광석과 순동의 용융점이 섭씨 1,000
도 수준 혹은 그 이하였고, 합금으로 사용된 주석은 그보다
훨씬 낮은 용융점을 가지므로 비교적 낮은 온도에서 제련
하여 도구로 사용할 수 있기 때문입니다.

최초의 철기는 이집트에서 만들어졌는데, 이는 철광석
으로부터 철을 만드는 인공적 과정이 아니라 운석에서 나
온 철을 이용해 만들었습니다.• 이 방법은 중국에서는 5세
기에, 그리고 유럽에서는 중세 시대 중반에 시작되었으며,
15세기경에는 벨기에와 영국으로 전파되었습니다. 즉, 자
연에서 발견된 금속을 녹여 사용한 것입니다.

이때는 철을 제련하기 위해서 목탄을 제조해서 사용했
습니다. 현재 코크스^{cokes}를 남기듯, 외부 공기를 차단한 상
태에서 열을 가해 나무를 탄화시킨 것인데, 이 탄화 과정
중에 불순물과 수분이 제거되므로 열량이 증가하는 효과가
생기지요. 그런데 목탄을 사용하지 않고, 나무를 그대로 사
용하면 목재 안의 수분이 열을 흡수하여 온도를 높이는 데

• 이 철은 대기권에 돌입할 때 뜨거운 열에너지를 받아서 철로 환원되었
다고 예상된다.

한계가 생깁니다. (물은 비열이 높은 분자 중 하나이기 때문에, 섭씨 1,000도 이상으로 온도를 올리는 데 큰 걸림돌이 됩니다.) 또, 목재가 완전히 연소하지 않은 상태로 철광석과 혼합되면 제련로에 목재가 많이 남아 쇳물의 품질과 생산성에도 여러 영향을 주게 되지요.

따라서 목탄은 주로 버드나무, 미루나무, 삼나무, 옹이가 없는 소나무처럼 목질이 무른 나무를 탄화시켜 만들며, 그중 버드나무 목탄이 탄화시키기에 가장 좋습니다. 이처럼 나무 등을 불완전연소시켜서 만든 목탄은, 주성분은 탄소지만 셀룰로오스가 열분해되어서 대략적인 실험식은 C_7H_4O인 것으로 보고되고 있습니다. 목탄은 화약의 연료로서 연소하여 열을 발생시키는 역할을 주로 하며, 목탄 속에 있는 소량의 탄소는 제련된 철에 남아서, 대나무가 가진 것과 같은 유연성을 철에 부여합니다.

기록에 따르면, 목탄은 현대의 숯 형태와 유사합니다. 그러나 주로 인위적으로 불완전연소시켜 잔류하는 일부 휘발성 유기물을 통해 순간적으로 화력을 높이는 데 사용했습니다. 제철에 사용되는 목탄을 생산하기 위해서는 많은 양의 원목이 필요했기에, 전통적 방식의 철 제련을 위해서는 필수적으로 숯가마를 세울 수 있는 울창한 산림이 있는 산허리에 터를 정해야 했습니다. 동시에, 나무가 자라는 데는 어느 정도의 시간이 소요되기 때문에, 숯가마는 어느 한곳에서 오랜 시간 고정적으로 운영될 수 없었으며, 주변의 삼림이 황폐해지면 이내 삼림이 우거진 다른 곳을 찾아 이동해야 했습니다. 또 하나의 문제는 실제 제철용으로 사용될 수 있는 품질의 목탄은 생산량 중 약 10퍼센트뿐이었다는 점입니다. 즉, 100킬로그램의 원목을 사용하여 목탄을 제조하면 고작해야 10킬로그램 정도의 제철용 목탄을 얻을 수 있으므로 평균적으로 하루 30킬로그램의 철강을 생산하기 위해서는 목탄은 약 60킬로그램, 대략 600킬로그램의 원목이 소비되어야 했던 것이지요. 그래서 인류는 제철을 위해 산림을 파괴하고 다시 풍부한 삼림을 찾아 이동했습니다. 이러한 현상은 도자기 제조 공정에서도 유사하게 관찰됩니다. 이 산업도 역시 목탄을 제조한 후에 도자기를 구워내는 공정을 거쳐야 했기 때문이지요.

가끔 환경을 생각해서 재활용할 수 있는 머그잔이나 스테인리스 용기를 대신 사용하자는 캠페인을 발견할 수 있습니다. 물론 그 의도는 긍정적이지만, 머그잔이나 스테인

리스 용기를 생산하기 위해서는 목재 등의 화석연료 에너지원도 필수적이기 때문에, 필요 이상의 스테인리스 용기를 생산하는 것도 환경에 좋은 영향을 끼친다고는 할 수 없습니다.

이렇듯 엄청난 목재의 소모를 요구한 무기 성분 재료의 생산으로 산림이 파괴되었고 목재는 늘 부족했던 것이지요. 특히 16~17세기에 영국 서부 세번강 하류의 숲속에서 제철 산업이 번성했으며, 세번강 주변에 있던 풍부한 숲은 목탄의 생산으로 황폐해지고 파괴되었습니다. 급격한 벌채로 18세기 초기에는 제철 산업의 붕괴까지 예상되었지요. 이처럼 목탄이 매우 부족했던 18세기를 혁신적 기술로 돌파한 사람이 바로 에이브러햄 다비Abraham Darby입니다. 철기를 제작하던 다비는 탄광용 배수펌프에 사용될 증기기관을 개발하던 토머스 뉴커먼Thomas Newcomen의 의뢰를 받아 실린더를 제작하던 도중, 좋은 실린더를 만들기 위해서는 목탄이 아닌 다른 방법을 고안해야 한다는 생각으로, '고로'라고도 불리는 석탄 용광로를 제작합니다.

목탄 대신 석탄을 이용하면서 발견하게 된 것은 바로 코크스였습니다. 코크스는 석탄을 가열하고 황과 같은 불순물을 충분히 제거하면 생기는 연료입니다. 다비는 코크스를 발견하고 이후 최적화 과정을 거쳐서, 1709년 코크스 제철법을 개발하는 데 성공했으며, 철광석과 코크스가 오랫동안 접촉할 수 있도록 적절한 크기의 용광로도 제작했습니다.

물론 다비 이전에 많은 사람이 목탄 대신 석탄을 대체재로 사용해 보지 않은 것은 아닙니다. 하지만 석탄에는 황 성분이 함유되어 있고, 황 성분이 많은 철은 매우 부식되기 쉽다는 특성을 갖습니다. 반면 목탄은 제조 공정에서 황 성분이 제거되기 때문에 비교적 부식성이 낮은 철을 얻을 수 있습니다. 그러나 다행스럽게도 다비가 사용한 콜브룩데일 인근의 석탄은 유난히 황 성분이 적었기 때문에 코크스 제철법이 개발될 수 있었던 것입니다. 혁신적인 발명에는 개인의 노력과 재능뿐 아니라 어느 정도의 운도 분명 필요한 듯합니다.

우리나라에서도 코크스를 혁신적으로 활용했던 흔적을 찾아볼 수 있습니다. 『구텐베르크의 조선』이라는 역사소설에서는 석탄 대신 코크스를 사용하여 금속활자를 제조했다는 내용이 나옵니다.[7] 작가는 이를 기반으로, 조선의 금속

활자가 구텐베르크보다 앞서서 발명되었을 가능성을 실증적 자료와 상상력으로 구성하고 있습니다.

이러한 코크스 제련법의 개발로 철뿐만 아니라 다른 귀금속과 무기 성분 재료들도 석탄으로 제련되거나 생산되기 시작했고, 파괴되던 유럽의 산림은 점차 회복되기 시작했습니다. 21세기를 살아가는 우리와는 다르게, 18세기를 살아가던 유럽 사람들에게 석탄은 숲의 파괴를 막아주는 친환경적이고 고마운 물질이지 않았을까요?

석탄으로 인한 재료 활용 역사의 변화

한편 코크스 제철법으로 순도가 높은 선철*이 영국에서 대량으로 생산되면서 인류 역사상 전례 없는 새로운 문제가 발생했습니다. 석탄이 제철 공정에 활용되면서 폭증하는 석탄 물동량을 소화하기가 어려워진 것이지요. 심지어

* 용광로에서 철광석을 녹여 만든 철. 탄소 함량이 보통 3.5~4.5퍼센트 정도로, 잘 부서지는 특성을 갖는다.

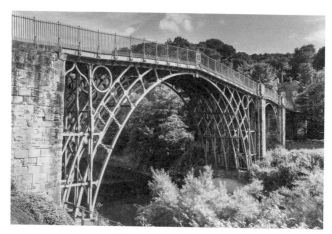

그림 3 세계 최초의 철교 아이언브리지.

당시 세번강에는 다리가 없어 모든 철강을 배로만 운반해야 했습니다. 이에 다리를 건설하자는 요구가 있었지만, 다리를 놓더라도 기존처럼 돌이나 나무로 만든 다리 위로는 무거운 철을 운반하기가 불가능했습니다.

때마침 영국의 유명 건축가인 토머스 프리처드Thomas Prichard가 풍부해진 철로 다리를 만들자는 제안을 내놓았습니다. 이미 선박을 만드는 데 철을 활용하고 있으니, 철로 다리도 건설 가능할 것이라는 아이디어였지요. 철로 다리를 만드는 것은 일거양득의 효과가 있었습니다. 다비 제철소가 직면한 폭증하는 물동량의 문제를 해결하는 것은 물론, 철의 용도 확장도 가능하기 때문이었지요. 결국, 1779년에 세계 최초의 철교인 아이언브리지Iron Bridge가 건설되었습니다. 아이언브리지는 총 길이가 42.7미터고 철제 부분은 30.6미터에 이르는 대형 철제 교량으로, 철이 기계뿐만 아니라 교량 건설에도 사용될 수 있다는 점을 보여준 계기가 되었습니다. 이후 철은 교량뿐 아니라, 기차와 선로를 제작할 때도 적극적으로 활용되기 시작합니다.

제철의 역사도 화석연료의 역사와 궤를 같이합니다. 코크스를 제조하면서 더 이상 나무를 사용하지 않게 되었지만, 이는 석탄의 수요를 급속히 높이며 연소 시 동시에 발생하는 오염 물질들이 대기 중에 대량으로 유입되는 재앙으로 이어졌습니다. 이후 제철 산업은 또 다른 형태의 화석연료인 석유를 보조적으로 활용하여 효율적으로 제철 공정을 이어나갔으나, 석유파동 이후에는 더 이상 고가의 중유를 제철에 사용하지 않게 되었습니다. 따라서 천연가스가 풍부한 지역을 중심으로 천연가스에 다량 포함된 메탄 성분을 개질하여 일산화탄소와 수소로 분리한 후 샤프트 환원로를 이용해 제철하는 공정이 대두되었습니다. 이른바 환원철direct reduced iron 이라고 불리는, 수소를 환원해 얻은 철이 스크랩과 함께 전기로에서 사용되는 주요 원료가 된 것입니다.

앞서 말한 세 가지 방식은 여전히 전 세계에서 사용되고 있는데, 삼림 자원이 풍부한 브라질 지역에서는 유칼립투스의 빠른 성장을 조절하기 위해 일정 시기를 정해 벌목하여 목탄을 제조한 뒤, 소규모 용광로 연료로 사용하고 있기도 합니다. 현재 가장 많은 철 생산량을 담당하는 대다수의 일관제철소 지역에서는 철강 제조의 전형적인 형태인 코크스에 의한 고로高爐• 공정을 가동하고 있습니다. 한편 천연가스에 의한 환원철은 남미와 북미 그리고 중동 일부 지역의 풍부한 천연가스 자원을 활용하여 점차 생산 비중을 높여나가고 있습니다.

21세기에는 또 다른 산림 벌채가 이루어지고 있습니다.

• 제철 공장에서, 철광석에서 주철을 만들어 내는 노. 보통 높이가 10~25미터에 이르는 높은 원통형으로, 꼭대기에 광석과 코크스를 넣고 아래쪽에서 녹은 선철을 모은다.

난방이나 제철용이 아닌, 토지나 광물을 개발하기 위한 공간을 확보하려 하기 때문입니다. 이로 인해 생태계가 손상되고, 생물 다양성이 감소하고 있으며, 대기 중 이산화탄소를 흡수하는 광합성 기회가 줄어들어 지구온난화 등의 기후변화가 일어납니다. 결국 산림을 벌채한 지역은 토양이 침식되면서 비생산적인 땅으로 전환됩니다.

비록 석탄의 등장으로 무차별적인 벌목은 사라졌지만, 인간의 또 다른 욕망 때문에 21세기에도 다른 형태의 산림 파괴가 이루어지고 있는 것입니다.

3. 산업혁명의 방아쇠, 석탄

석탄과 증기기관의
상관관계

우리 중 대부분은 제임스 와트James Watt의 증기기관의 발명이 산업혁명의 도화선이 되었다고 알고 있습니다. 하지만 산업혁명의 시작이 무엇인지에 관한 이 거대한 질문의 대답이 되기에는 명확한 근거가 다소 부족합니다. 다만 명확한 것은 역사학자 아널드 토인비Arnold Toynbee가 『영국 산업혁명 강의Lectures on the Industrial Revolution In England』라는 책에서 '산업혁명'이라는 개념을 최초로 사용했고, 이후 산업혁명이 근대의 시작이 되는 사건으로 알려지게 되었다는 것이지요.

산업혁명은 18세기 후반부터 약 100년 동안 유럽에서 일어난 생산기술과 그에 따른 사회조직의 큰 변화라고 알려져 있습니다. 영국의 방적기가 개량되고, 수공업으로 진행되던 설비의 기계화가 진행되면서 그로 인해 공장의 대형화가 진행되며 대규모의 노동인구가 도시로 유입됩니다. 한편 전통적 농지는 농작 외에 경공업(양모 산업) 용도로 전환되는 일들이 동시에 이루어진 것이지요. 이로써 자본가와 노동가 계층이 출현하며 자본주의 경제가 확립되기 시작합니다. 이처럼 산업혁명은 갑작스럽게 생긴 어떤 기계나 기술의 발명이라기보다는, 유럽의 근대적 발전을 배경으로 여러 변화가 서서히 누적되다가 어떤 임계점에 다다르며 극적인 경제적·사회적 변화가 일어났다고 볼 수 있습니다.

많은 과학자와 사회학자 들은 급격한 사회변화에 대한 시발점을 단순화해서 말하자면 '증기기관'이 아니라 '석탄'이라고 주장합니다. 이에 따라 사회가 폭발적으로 변화했던 산업혁명의 시간적 흐름을, 석탄 활용을 중심에 두고 정리해 보았습니다.

그림 4 왼쪽부터 차례로 서머싯의 진공펌프 장치, 뉴커먼의 대기압기관, 와튼의 개량 증기기관.

영국 잉글랜드 지방의 석탄은 로마 시대부터 "영국 최고의 돌"로 불렸고, 중세 시대의 영국에는 '노천광'이 있을 정도로 석탄이 풍부했습니다. 따라서 13세기부터 헨리 3세가 석탄의 채탄 면허를 부여할 정도로 석탄은 대중화되어 있었습니다. 이처럼 석탄은 '노천광'에서 손쉽게 채탄했으나 수요가 증가하기 시작하면서 점점 더 땅속 깊은 곳에서 채탄 작업이 진행됩니다. 문제는 홍수나 강우로 광산에 유입된 물이나 땅속의 지하수 층 때문에, 석탄을 깊은 곳에서 채탄할수록 탄광에서 배수해야 했던 것이지요.

이를 해결하기 위해서, 초기에는 광부들이 물을 양동이로 직접 퍼냈으나 이후에는 말을 이용한 배수펌프 기계를 사용하기 시작했습니다. 17세기 중반에는, 광산의 배수 작업을 위해 에드워드 서머싯Edward Somerset이 석탄으로 물을 끓여 발생한 증기를 활용하는 진공펌프 장치를 만들었고, 18세기 초반 토머스 세이버리Thomas Savery는 서머싯의 펌프를 개량해 '광부의 친구The Miner's Friend'라는 이름의 증기펌프 특허를 내고 이를 상용화했습니다. 토머스 뉴커먼의 대기압기관atmosphere engine은 여러 광산에 채택되어 광산의 효과적인 배수를 위해서 가동되기 시작했습니다. 앞 장에서 언급한 다비의 코크스로 선철의 물성이 개선된 것이 이런 장치를 개발하는 데 크게 기여했습니다. 그리고 최종적으로, 증기펌프를 개량한 제임스 와트의 '증기기관'이 산업 전반에 엄청난 영향을 주기 시작했습니다.

즉, 석탄의 채탄을 위해서 석탄에서 나오는 에너지를 증기에너지로 전환하여 작동하는 증기펌프가 발명되었고, 증기펌프를 통해 증산된 석탄을 용광로에 투입해서 제련한 현대의 철강 소재가 활용되기 시작한 것입니다.

4. 석탄, 제철 그리고 경제 부흥

영국에서 용광로를 이용하는 철강 산업이 시작된 것은 15세기 말로, 유럽의 다른 제국들보다는 늦었으나 이후 100여 년간의 발전은 훨씬 더 빠른 속도로 진행되었습니다. 이는 군사력을 강화한다는 범국가적 목표에 철이 절대적인 역할을 했기 때문입니다. 용광로 건설은 서식스와 켄트 지역에 집중되었는데, 이 지역에는 용광로를 운영하는 데 필요한 숯을 제조하기 위해 나무를 쉽게 공급할 수 있는 대규모 숲이 있었기 때문입니다. 서식스의 용광로 수는 1500년에는 고작 2기에 불과했으나 1550년에는 21기, 1574년에는 51기까지 급증했습니다. 단시일 안에 군사력을 증강하겠다는 정부의 의지가 크게 작용한 것이지요.

영국은 16세기에는 주철 대포를 제작하여 대포의 대형화로 사정거리를 늘리고 큰 포탄을 이용해 폭발력도 크게 늘릴 수 있었습니다. 이 대형 대포를 이용해 한자동맹의 독일 상인을 완전히 추방하고 유럽 북방 지역의 상권을 보호하려 했습니다. 이후 스페인 함대를 격파하여 대항해시대 해양의 지배자로 우뚝 섰고 번영의 엘리자베스 시대를 열게 됩니다.

프로이센의 비스마르크 재상은 1862년 연설에서 "철은 국가다"라고 말했습니다. 실제로 산업혁명 시대에 철은 한 나라의 국력을 상징했었지요. 현재도 시대의 주력 산업이 데이터 산업으로 옮겨 가도 세계의 조강 생산량은 계속 증가해 왔습니다. 양질의 철은 자동차 및 기계 산업에 필수적이고, 철강은 국가 기간산업 가운데 하나이며, 따라서 제철 분야의 탈탄소 기술 성공 여부는 세계 산업의 판도를 좌우할 것으로 예상합니다.

1910년대 이후, 총리가 된 윈스턴 처칠이 영국을 제1차 세계대전 전승국의 하나로 이끌었던 것은 바로 해군의 연료를 석탄에서 석유로 전환했기 때문이라고 합니다. 타국보다 빠르게 결단을 내려 군함의 속도와 항속거리를 높일수 있었던 것이지요. 이렇게 '석유 시대'의 문을 열고 뜻밖의 과실을 얻은 것처럼 만약 제철 산업에서 환경친화적 에너지원으로 석탄을 대신해 같은 품질을 철강 소재를 얻어낸다면, 이 또한 새로운 시대의 문을 여는 시작점이 될 것입니다.

5. 20세기 석탄 산업의 글로벌화

오대호 Great Lakes 는 미국과 캐나다의 국경에 있는 5개의 큰 호수를 말합니다. 다섯 호수는 서쪽부터 동쪽까지 차례대로 슈피리어호, 미시간호, 휴런호, 이리호, 온타리오호로, 이 호수를 모두 합치면 총 표면적이 24만 5,000제곱킬로미터로, 오대호는 세계에서 가장 면적이 큰 담수계 호수군이라 할 수 있습니다.

그중 온타리오호는 오대호 가운데 크기가 가장 작으며, 가장 낮은 곳에 있습니다. 온타리오호는 캐나다 온타리오주와 뉴욕주 사이 약 해발 75미터 지점에 자리 잡고 있으며, 평균 초당 6,596세제곱미터의 유량이 세인트로렌스강으로 유입됩니다. 세인트로렌스강은 1,207킬로미터를 흐른 뒤 가스페 해협을 통과해 세인트로렌스만과 대서양으로 흘러 들어갑니다.

북미 오대호 지역에서는 다양한 산업이 고루 발달했습니다. 많은 양의 곡물, 철광석, 석탄, 공산품 등을 실은 선박들이 호수 근처의 항구를 오가면서 세인트로렌스 운하를 가로질러 갑니다. 따라서 미국의 중요한 국가 기간산업체들, 이른바 대규모 제철소나 디트로이트 지역을 중심으로 한 자동차 공장, 또는 군수 모빌리티 공장들은 인디애나주, 일리노이주, 온타리오주, 오하이오주 등에 분포되어 있습니다. 오대호는 이러한 거대 산업체와 다른 작은 산업체, 그리고 약 240개의 지역 도시에 용수를 공급하고 물류를 제공했습니다.

오대호 주변에는 철광석과 석탄이 다량 매장되어 있고, 2차 산업혁명 시기 주변 도시들은 오대호에서 필요한 만큼의 산업용 담수를 사용할 수 있었습니다. 현재 기준으로 보면 불법이었을 폐수처리도 쉽게 가능했으므로 대표적인 굴뚝 산업 도시로 성장하는 데 절대적으로 유리한 조건을 가지고 있었습니다. 풍부한 원료, 값싼 물류 비용, 낮은 환경 처리 비용 덕분에, 미국은 경쟁국과는 근본적으로 차원이 다른 생산량과 경쟁력으로 제품을 공급할 수 있었고, 이는 오늘날 미국이 세계 1위의 경제 규모를 갖게 하는 주요 동력이 되었습니다.

그러나 동시에 이 지역은 산업화 기간 아황산가스에서 만들어지는 산성비로 큰 피해를 겪기도 했습니다. 캐나다 접경지대에서 산성비가 일으킨 식생 파괴 문제는 1970년대 미국과 캐나다의 외교 문제로 비화하여 1991년에는 미국과 캐나다 간의 대기질협정Air Quality Agreement 이 발효되기도 했습니다.

한편 오대호 지역은 석탄 산업과 관련된 중요한 변곡점이 일어난 곳이기도 합니다. 선박으로 물류를 수송하는 것은, 철도나 차량 등의 운송 수단으로 수송하는 것과 대비해 물류 비용이 매우 저렴합니다. 오대호 인근 펜실베이니아 주의 석탄을 선박을 통해 저렴한 비용에 대량으로 수송할 수 있었는데, 이로써 생산과 수송을 모두 경제적으로 해결할 수 있는 '임해 제철 시스템'이 시작된 것입니다. 오대호의 물류적 이점을 살려서 만들어진 이 제철 산업 모델은 일본을 통해 우리나라에도 적용된 시스템으로, 현재는 중국 및 인도 등의 여러 개발도상국에도 도입되었습니다.

펜실베이니아주의 석탄과 오대호의 철광석을 이용해 제철 도시로 명성을 날리던 피츠버그는 제2차 세계대전 당시 군수품 공장에서 끊임없이 나오는 검은 연기로, 한때 '매연의 도시'로 불릴 정도였습니다.

이처럼 19세기 후반에서 20세기 초반까지 오대호 연안 지역은 오대호의 물류적 이점을 살려 적은 비용으로도 대량의 석탄과 철광석을 운송했고, 이로 인해 1880년대까지 철강 생산 붐이 일어났습니다. 물론, 지금은 디트로이트와 함께 미국 제조업 불황을 맞은 지역을 뜻하는 '러스트 벨트Rust Belt'의 상징적인 지역이 되었지만요.

당시 수많은 중소 철강업체가 난립했는데, 미국 JP모건은 철강 생산에 있어서 유럽보다 빠르게 우위를 점하기 위해, 1910년에 카네기스틸을 포함한 12개의 철강 관련사를 통합한 US스틸을 설립했습니다. 이후 시카고 인근에 게리 웍스제철소를 건설하면서 규모의 경제력을 가지는 동시에, 물류 처리 방식을 보강하고 제품라인을 확장한 일관제철소를 세웠습니다. 당시 이 제철소의 방식은 혁신적이었는데 철강 생산을 위해 사용된 석탄에서 얻은 부생 가스를 이용해 전기를 생산하고, 이 전기를 제철소 자체에서 활용하며 쇳물 제조부터 제품화 공정까지 일관 라인으로 구성했기 때문입니다. 이는 고로를 기반으로, 공정 간 물류 처리 방식과 에너지 효율을 증대시킨 최초의 일관제철소integrated steelworks 모델이 되었습니다.

1970년 이후, 일본은 이를 모방하여 태평양전쟁 이후에 파손되었던 설비를 복원하고 산소 전로LD converter와 같은 신기술을 수용했습니다. 일본제철은 오이타 해안 주변에 대형 임해일관제철소seaside integrated steelworks를 건설했고 그 후에는 대형 항만 설비를 마련하고 호주 및 브라질과의 장기 계약을 통해 대형 선박으로 석탄과 철광석을 공급받게 됩니다. 현대에 일반화된 일관제철소 모델은 코크스를 대량으로 제조해 사용하는 용광로를 기반으로 한다는 특징을 갖습니다.

전통적으로 철강사는 원료가 되는 철광석과 연료인 목탄 혹은 석탄이 존재하는 지역에 건설되는 것이 일반적입니다. 따라서 역사가 오래된 철강사는 주로 내륙에 위치해 해당 지역에서 생산되는 철광석과 석탄으로 운영되었기에 규모를 확장하기 어려웠습니다. 그러나 오대호 연안에서 시작된 임해일관제철소 모델은, 자원이 부족한 상태에서도 대규모 장기계약 방식으로 원료와 연료 구매를 보장해 제철소 경영의 리스크는 줄이고, 육상 운송 방법보다 값싸고 효율적으로 대규모의 설비 운용을 가능하게 했습니다.

임해일관제철소 모델은 철강사의 물류 비용을 줄이며 안정적으로 원료를 공급받아 대형화를 이루었으며, 이 모델로 자원은 풍부하나 제조 능력이나 의사가 없는 지역과, 반대로 자원은 부족해도 제조 능력이 있는 지역의 상호 보완을 이루어 냈습니다. 지역 경제와 투자자 모두에게 윈윈 게임이었던 이 모델은 한국의 포항종합제철공장(현 포스코)을 건립할 때도 적용된 모델로, 건립 20여 년 만에 포항과 광양에 세계적 규모의 제철소를 탄생시킨 비결 중 하나이기도 합니다.

반대로 중국은 자국에 철광석과 석탄이 많이 분포되어 있었지만 품질이 좋지 않았고, 내륙을 통과해야 하는 물류 시스템의 비효율성과 어려움으로 설비의 대형화가 어려운 처지였습니다. 이후 일본, 한국의 철강업 혁신 비결을 파악한 중국은 해안 지역에 대규모의 임해일관제철소를 전략적으로 건설하기 시작했습니다. 일본 및 한국과 마찬가지로,

중국은 호주와 브라질로부터 대규모의 철광석과 석탄을 수입하여 최신형 대형 설비로 철강 제품을 생산함으로써 지난 20여 년 동안 급속히 생산 규모를 높였고, 현재는 연간 약 8억 톤(전 세계 생산량의 70퍼센트)의 철강을 공급하며 자국의 인프라 수요 및 수출을 주도하고 있습니다.

석유화학 산업에서도 임해일관제철소 모델과 유사한 모델을 도입하기도 했습니다. 잘 알려졌다시피, 대한민국은 산유국이 아닌데도 대규모의 석유화학 산업이 성장한 편이지요. 이 역시 철강 산업과 같이 대규모의 원유를 해상을 통해 산지에서 수입하고 해안 주변에는 석유정제 설비와 고도화 설비를 마련해 제품화한 뒤 국내 수요는 물론, 다시 해외로 수출하는 방식을 사용하고 있기 때문입니다. 철광석은 물론 고품질의 석탄과 원유가 전혀 없는 나라에서, 세계적인 수준의 생산성과 규모의 산업으로까지 발전시킨 것은 효과적인 물류 처리 방식이 산업 경쟁력에 있어 얼마나 중요한 역할을 맡는지 보여주는 한 예입니다.

영국과 미국에서는 이미 같은 방식으로 석탄화력을 활용해 전력을 생산하고 있었고, 대규모 중화학공업의 확대와 함께 전력 산업도 고도화되었습니다. 한국도 비슷합니다. 우리나라에서 생산되는 석탄은 대부분 저급의 무연탄으로, 양도 부족할 뿐 아니라 품질 면에서도 활용 가치가 낮았습니다. 따라서 석탄은 대부분 난방용으로 활용되어 연탄이나 시멘트 제조 공장의 열원으로 사용되었지요. 또, 다른 국가와 달리 한국은 분단국가라서, 중국이나 러시아 등지로부터 육로나 철도로 석탄을 공급받기 어려웠기 때문에 해상운송에 의존할 수밖에 없었습니다. 앞서 말했듯, 대규모 석탄 산지인 호주, 인도네시아 등 고급 석탄의 공급처를 확보하고, 대형 선박이 수송한 물류를 받기 위해 연안 지역에 석탄발전소를 건설하기 시작하면서 값싼 전력을 공급할 수 있게 되었습니다. 이것이 1970년대 이후 산업화를 가속화하는 기틀이 되었습니다. 이러한 물류 처리 방식의 혁신에 따라, 자원이 편재되었음에도 지역적 한계를 넘어선 산업의 발전도 가능하게 되었고, 이를 위해 대규모 수송이 가능한 선박을 건설하기 위한 기술 개발이 추진되었습니다. 그중 대표적인 것이 초대형 원유 운반선very large crude-oil carrier 의 확대입니다. 최근에는 천연가스에 대한 수요도 커짐에 따라 이를 대규모로 운송하는 LNG 탱커 혹은 LNG 운반선을 개발하고 있습니다. 이 선박은 대형 단열 탱크를 선체 내에 몇 개씩 갖추고 있어 극저온의 LNG 가 충전된 상태에서 이송됩니다. 천연가스는 메탄이 주성분으로 섭씨 영하 162도 이하에서 기체 상태 대비 600분의 1로 부피를 줄여 액체로 전환해 이송시켜야 경제성이 생깁니다. 따라서 가압 탱크나 단열층을 갖추어야 하며 선체 구조재가 저온 취성파괴를 일으키지 않는 조건을 갖춰야 하는 등 어려운 기술이 요구됩니다. 또 해상운송에 따른 대규모 항만 개발과 하역 설비, 이를 저장하는 탱크, 사일로 등의 기반 시설이 동시에 필요합니다.

석탄 수송선에서 출발하여 원유, LNG로 이어지는 대규모의 화석연료 수송 방식이 발전함에 따라, 관련 산업의 수혜자 중 한 곳인 대한민국은 이 분야에서 역시 세계적인 기술 보유국이 되었습니다. 최근에는 이러한 대형 선박의 운항이 늘어나면서 발생하는 이산화황을 줄이고자 IMO 2020* 규제가 시행되었고, 이에 따라 디젤 엔진이 천연가스 엔진으로 변경되기 시작했습니다. 천연가스는 상대적으로

• 국제해사기구International Maritime Organization, IMO가 2020년 도입한 환경 규제로, 선박 연료에 들어가는 황 함유량의 상한선을 규제한다.

디젤보다 이산화황, 이산화탄소 및 질소산화물 발생이 적어 해상 오염을 꾸준히 최소화할 수 있기 때문입니다. 조선산업의 재부흥 원동력이 된 이 규제 덕분에 세계적인 LNG 운반선 건조 능력을 가진 국내 조선사들은 바쁘게 움직이고 있습니다.

세계화와 산업화가 가속화될수록 에너지 소비는 늘어날 수밖에 없습니다. 따라서 국가는 석탄, 석유, 그리고 천연가스로 이어지는 화석연료의 변천사에 따라 이 연료를 대량 수송할 방법을 고안하고, 각 국가의 지리적 이점을 활용할 방안도 함께 고민해야 할 것입니다. 중국과 미국은 각각 화석에너지를 포함해, 미래 에너지원이라고 말하는 재생에너지 산업이 발전할 여건을 상당히 갖춘 나라입니다. 반면 부존자원이나 지정학적인 면에서는 다소 불리한 조건을 가졌으므로 다음 세기의 주요 에너지를 무엇으로 선택할지는 국가적으로 고민해야 할 주제일 것입니다. 우리 또한, 남북이 분단된 상태의 한반도를 당분간 '해양 국가'라고 정의하고 고민하되, 머지않은 미래에 실현될 통일국가에서는 대륙과 해양이 공존하는 지정학적 여건을 극대화하는 방향을 함께 모색해야 할 것입니다.

6. 석탄 공동체 유럽연합

유럽연합^{European Union, EU}도 석탄으로부터 태동되었다는 이
야기를 들어본 적 있나요? 유럽 공동체는 두 번의 세계대
전 후에 시작되었습니다. 유럽은 영토 면적으로 보면 하나
의 대륙으로 볼 수 있을 만큼 넓고 다양한 민족이 공존하므
로 민족주의 체계가 강력한 나라를 중심으로 전쟁이 발생
할 수밖에 없는 구조입니다. 유럽 국가 중에서 프랑스와 독
일, 특히 서독이 공동체 구성에 매우 적극적이었는데, 서독
은 분단 후 제2차 세계대전의 원흉으로 지목당했고 국제사
회 고립의 위기를 극복하기 위해 프랑스와의 관계 회복에

힘쓰는 상황이었습니다. 프랑스도 이후 독일과의 전쟁 가능성을 원천적으로 차단하기 위해 공동체 설립에 큰 관심을 가졌으며 벨기에, 네덜란드, 룩셈부르크, 이탈리아까지 이 공동체 설립에 합류했습니다. 각 나라는 경제 독립성을 어느 정도 포기하는 대신 혹시 모를 전쟁을 방지하는 것이 더욱 좋다고 생각했습니다.

당시 프랑스의 외무장관 로베르 쉬망Robert Schuman은 독일과 프랑스를 중심으로 서유럽의 석탄, 철강 산업을 초국가적 기구 아래에 통합할 것을 제창했습니다. 이후 로마조약을 거쳐, 석탄, 철강뿐 아니라 원자력까지 공동소유 및 관리하는 유럽경제공동체European Economic Community, EEC가 출범되었지요. 전쟁을 위해 가장 필요한 것이 바로 석탄, 그리고 석탄을 대규모 소비해 전략물자로 활용하는 철강이었기 때문입니다.

결국, 전쟁 발생을 막기 위한 상호 간의 대비뿐 아니라 경제 전반에 대한 전폭적인 공동체를 계획한다는 대의명분 아래 유럽경제공동체 회원국들끼리의 무역 관세 제한, 유럽 외부 국가와의 무역에서의 공동 관세, 회원국 내 자본과 인력의 자유로운 이동 등을 목표로 하는 데까지 이르렀습니다.

결국 1951년 4월 18일, 프랑스, 독일, 이탈리아, 벨기에, 네덜란드, 룩셈부르크 6개국은 오늘날 유럽연합의 시작점이 되는 석탄 및 철광석 채굴에 관한 조약, 즉 유럽석탄철강공동체European Coal and Steel Community, ECSC를 체결했습니다. 1954년에는 석탄, 코크스, 강철, 스크랩, 선철 소재에 대한 거의 모든 무역 장벽을 철폐했습니다. 초창기 유럽연합 중앙기구 중 하나였던 고등기관High Authority에서는 생산품의 생산량, 가격, 할당량을 책정하며 조약을 위반한 유럽연합 내의 회사들에 대해 벌금을 부과할 권한까지 가졌습니다. 실제로 1961년 유럽의 강철 가격과 수요가 급락하자, 이 고등기관은 가맹국 내 모든 철강회사의 생산 할당량을 책정하고 강제로 조절할 수 있는 권한을 갖게 되었습니다.•

그런데 여기서 눈여겨볼 것은 1970년대 늦게 연맹에 가입한 영국의 입장입니다. 유럽연합 출범 초기부터 영국이

• 이 당시 유럽연합 국가의 조약 기간은 50년이었으며, 유럽연합 본부는 설립 초기부터 1967년까지 룩셈부르크에 있다가 유럽석탄철강공동체의 집행기관이 유럽경제공동체 및 유럽원자력공동체European Atomic Energy Community, Euratom와 통합되면서 벨기에 브뤼셀로 본부를 옮겼다.

참여하지 않았던 이유는 전쟁의 후유증이 상대적으로 적었고 지리적으로도 유럽 대륙에 속하지 않은 섬나라였기 때문이지요. 게다가 영국은 역사적으로 미국과 가까운 사이라 유럽 대륙의 국가들과 무역과 인력 교류 비중이 상대적으로 적었습니다. 상대적으로 국력이 강했던 영국은 리더를 맡지 않은 채, 독일과 프랑스 양국의 주도하에 공동의 권리를 갖는 다자주의를 의도하는 연맹에 가입하는 것에 대한 의문이 있던 것이지요. 따라서 석탄 산업과 관련해 가장 오랜 역사를 가진 나라임에도 불구하고, 영국은 뒤늦게 조약에 참여하게 됩니다. (현재는 다시 탈퇴한 상황입니다.)

이후 공동의회, 유럽재판소 등 회원사의 참여 증가와 함께 확장되었고 2002년 처음 약속한 50년 조약이 만료되었지만, 유럽석탄철강공동체의 모든 활동과 자원은 유럽연합으로 흡수되어 오늘날에 이르고 있습니다. 출범 당시 가장 강력한 에너지원이었던 석탄 관리에서 출발하여, 경제 부흥과 전략물자의 필요조건이었던 철강 생산, 신에너지인 원자력의 공동 이해관계에 대한 가맹국들의 자발적인 참여를 넘어, 이제는 탈석탄 정책을 앞세우며 느슨해졌던 공동체가 다시 연합하는 계기를 맞고 있는 것이지요. 화석연료

57

에 대한 공동 이해가 더는 유효하지 않은 유럽 사회는 오늘
날 새로운 에너지인 재생에너지로 주제를 바꾸어 거대해진
국제경제 경쟁 체계에서 연합해야 하는 이유를 다시금 찾
고 있습니다.

기술적 의미의
석탄

7. 소재로서의 석탄

문재인 정부에서는 그린 뉴딜 사업과 소부장 사업* 지원을
동시에 추진했습니다. 그린 뉴딜 사업의 관점에서는 석탄
산업의 규모를 줄이는 것이 맞습니다. 하지만 소부장 사업
의 측면에서 석탄 산업은 우리에게는 없어서는 안 되는 주
력 사업이며 미래의 전략산업이기도 합니다. 왜 그럴까요?

먼저 화석연료가 어떻게 만들어지는지 한번 살펴보겠
습니다. 아주 오래전부터 식물은 이산화탄소에 태양에너지

* 소재, 부품, 장비 분야 사업을 통틀어 일컫는 용어다.

를 전환해 저장하는 임무를 수행해 왔습니다. 이 에너지는 셀룰로오스라는 고분자 물질로 구성된 나무라는 소재로 변환됩니다. 이 소재가 산소 없는 땅속에 묻힌 뒤, 혐기성 미생물과 지열과 땅속의 압력에 의해서 생겨난 에너지를 한 번 더 저장해서 탄생한 물질이 석탄입니다. 인간은 이 석탄을 채굴하여 에너지원을 얻기도 하지만, 현대 생활에 필수적이며 미래 산업을 선도할 소재들도 얻습니다.

화석연료에서 어떻게 소재를 얻는지는 우리가 섭취하는 영양소를 생각하면 더욱 쉽게 이해가 됩니다. 가령 생명체의 몸에서 활용되는 '저탄소 대사물'들은 상당 부분이 탄소가 1개에서 4개로 구성된 유기물로, 주로 탄소가 1개부터 4개짜리 탄화수소로 구성된 '천연가스'가 되기도 하고, 탄소가 6개인 포도당이 '휘발유'로 전환될 수도 있지요. 몸속의 탄소 수가 10개인 지방은 '디젤'로 전환할 수 있습니다. 탄소 수가 20~50개 사이면 양초를 만드는 '파라핀', 50개 이상의 고분자는 우리가 가장 많이 쓰는 플라스틱 소재인 '폴리에틸렌'으로 바뀝니다. 즉, 탄화수소를 구성하는 분자의 탄소 수가 증가함에 따라서, 탄화수소가 '에너지원'에서 '소재'로 변환되는 것을 알 수 있습니다. 그렇다면 구체적으로 석탄 산업이 어떻게 소재산업이 되는지 살펴보겠습니다.

먼저, 제철 산업입니다. 앞서 언급한 바와 같이 철광석에서 제련된 철 1톤을 생산하기 위해서는, 대략 석탄 1톤이 필요합니다. 그런데 석탄은 단순히 에너지원으로 사용될 뿐 아니라 '소재'로도 사용됩니다. 석탄 속의 탄소는 용광로에서 철광석을 만나서 철에 녹아들어 가고, '탄소강'이라는 소재를 만듭니다. 섭씨 1,500도가 되는 용광로에서 만들어진 탄소강은 인류가 지금까지 수천 년 동안 사용하는 소재이기도 하지요.

그럼 제련된 철 속에서 탄소는 어떤 역할을 할까요? 석탄에 들어간 탄소는 단순한 불순물이 아닙니다. 섭씨 1,500도라는 높은 온도의 공정 후에도 선철에 남아 있는 미량의 탄소들은, 금속재료임에도 쉽게 깨지는 특성을 가진 철이 충격에도 휘어질 수 있도록 유연성을 부여하는 핵심 소재입니다. 즉, 100퍼센트 순도의 철이 도자기처럼 쉽게 깨지는 소재라면, 인류가 지금까지 사용했던 소량의 탄소가 함유된 탄소강은 단단하면서도 대나무처럼 유연한 소재입니다.

최근 많은 환경론자가 '수소환원제철'을 언급하면서 현

재의 제철 기술은 사라져야 한다고 주장하기도 하는데, 수소만 활용해서 철강을 만들 경우, 현재의 철과는 전혀 다른 물리적 성질을 가지므로 도자기처럼 쉽게 깨지고 맙니다. 따라서 현재 철을 사용하는 산업의 용도에는 적합하지 않을 수 있습니다.

또한, 거의 같은 양의 철광석과 석탄을 용광로에 넣고 순수한 쇳물을 뽑아낸 후 남은 찌꺼기인 슬래그^{slag}는 인공어초 같은 해중림 복원 사업에도 활용되지만, 우리나라의 미래 전략사업인 배터리 산업 및 전자 산업의 핵심 자원으로도 재활용할 수 있습니다. 또 철광석을 뽑고 남은 슬러지^{sludge}에 있는 실리카에서 배터리 소재의 핵심인 전극 물질도 추출할 수 있으며, 희유원소류(희토류)를 동시에 제련할 수도 있습니다. 중국 등이 희토류의 수출을 제한하면서 자원을 무기화하려는 시점에서, 제철소의 용광로는 경제적으로 철강을 생산하면서 경우에 따라서는 유가금속을 얻어낼 수 있는 귀중한 자원이라는 것을 잊지 않아야 합니다.

두 번째는 철강입니다. 조선 산업과 자동차 산업이 우리나라의 주력 산업이라는 사실을 모르는 사람은 없습니다. 이 두 산업의 핵심 소재가 바로 철강입니다. 우리나라가 조선 산업과 자동차 산업에서 미래를 선도하기 위해서는 필연적으로 값싸지만 품질이 좋은 철강과 소재를 공급받아야 합니다.

물론 이 산업들이 우리나라의 1인당 온실가스 배출량을 높이는 가장 큰 이유이기도 하지요. 탄소중립이 우리가 추구하고 나아가야 할 목표임은 부정할 수 없는 사실이지만, 쉽지 않더라도 나라의 산업 경쟁력을 유지하면서 탄소중립을 이끌어 내는 방안을 고민해야 할 것입니다.

다만 제가 강조하고 싶은 것은 석탄은 에너지원이자, 주력 산업의 소재이기도 하다는 점입니다. 인류 역사상 나무가 집을 짓는 '소재'이자 생활을 유지하게 해준 '에너지원'이었던 땔감으로 동시에 활용된 것처럼요. '에너지원'으로서의 석탄은 점차적으로 사라져야 하겠지만, '소재'로서의 석탄은 우리나라와 인류의 지속 가능한 자원으로 활용되는 귀중한 물질이므로 이 '소재'를 어떻게 환경친화적으로 활용할 것인지에 대한 깊이 있는 고민이 필요합니다.

8. 현대 산업과 석탄의 발자취

석탄을 활용해 산업혁명을 일으킨 곳은 영국이지만, 그보다 먼저 일상에서 석탄을 활용한 나라는 중국입니다. 4세기부터 '석탄石炭'이라는 글자가 생성되었고, 중국 송나라에서는 철을 녹이는 용광로의 원료로 석탄을 먼저 사용했으며, 개인용 저택의 난방, 세라믹을 굽는 가마를 만드는 등 여러 산업에서 석탄이 활용되었습니다. 이처럼 석탄 덕분에 중국에서는 볶음, 찜 등의 고화력을 활용한 요리들이 발달하기도 했습니다. 원나라 시대 중국에서 머물던 마르코 폴로가 쓴 『동방견문록The Travels of Marco Polo』에는 "산의 광맥에서 뽑아내는 일종의 검은 돌을 중국 전역에서 연료로 사용하고 있다"라는 구절이 있을 정도로, 중국은 유럽보다 훨씬 빠르게 석탄의 대중화가 이루어졌습니다. 그렇다면 왜 중국에서는 산업혁명처럼 농업에서 공업으로의 전환이 이루어지지 않은 것일까요?

영국은 수도인 런던 인근에 석탄 광맥이 있었기 때문에 석탄을 쉽게 채굴하여 석탄 관련 산업을 시작할 수 있었습니다. 1800년 영국은 당시 세계 석탄 생산량의 90퍼센트에 달하는 1,000만 톤의 석탄을 생산했고, 생산된 석탄은 사실상 영국에서, 특히 수도인 런던의 가정과 공장에서 모두 소비되었습니다. 그러다가 점차 석탄이 고갈되자 영국인들은 석탄의 수요를 메우기 위해, 석탄 갱도에서 지하로 더 깊이 들어가기 위해 노력했습니다. 하지만 그때마다 지하수가 솟구치고 때때로 빗물이 갱도에 다시 스며들어 작업을 방해했습니다. 결국 광산 사업자들은 광산에서 지하수와 고인 물을 끌어 올려 제거하는 방법을 찾았는데, 바로 1장에서 언급했던 토머스 뉴커먼의 대기압기관입니다.

1712년 뉴커먼의 대기압기관은 석탄을 연소시키면서 발생되는 '증기'로 피스톤을 움직이는 기계장치였으나

1760년대에 제임스 와트에 의해 증기기관으로 대폭 개선되었습니다. 하지만 초창기에는 높은 연료비 때문에 효율이 높지 않았기 때문에 이 장비는 오직 석탄이 풍부한 석탄 광산에서만 사용되었습니다. 이후 제임스 와트가 효율적으로 개선한 증기기관은 단순히 '지하수를 끌어 올리는 장치'가 아니라 '지상에서 화물을 운송시키는 장비'로 용도를 변경하며 혁신적 변화를 이끌어 냈습니다.

증기기관과 석탄의 시너지는, 이후 더 많은 석탄, 더 많은 증기기관, 더 많은 강철이 필요한 시대를 열었습니다. 당시 1.6킬로미터의 철로를 건설하기 위해서는 무려 300여 톤의 강철이 필요했습니다. 그 때문에 1830년부터 1850년까지 영국의 강철 생산량은 68만 톤에서 225만 톤으로 늘어났고, 석탄 생산량은 1,500만 톤에서 4억 9,000만 톤으로 증가했습니다. 증기는 나무나 목탄을 사용하면 쉽사리 얻을 수 있었지만 그러기 위해서는 막대한 양의 나무를 소비해야 했습니다. 게다가 18세기 후반 영국의 산림 지역은 전체 면적의 고작 5~10퍼센트에 불과했습니다. 따라서 1815년 무렵 목탄을 사용하여 생산할 수 있는 강철의 양은 영국의 경우 겨우 10만 톤 정도였는데, 그 당시 전 세계에서 생산되던 강철이 40만 톤 정도였던 것과 향후 산업에서 필요로 하는 강철 수백만 톤이라는 점을 생각했을 때, 이는 턱없이 부족한 수준이었습니다. 따라서 석탄이 없었거나 영국이 석탄을 쉽게 발견하고 운송할 수 있었던 역사적 사건이 벌어지지 않았다면 증기기관의 발전도 대단히 늦어지고 강철의 생산량도 극도로 감소했을 것입니다.

9. 산업화와 함께 발견된 석탄

우리나라도 철강 산업의 중요성을 인식하고, 건국 이후 종합 제철소를 건설하기 위해서 끊임없이 노력했습니다. 나라를 지킬 수 있는 무기, 경제를 위한 사회적 인프라 건설, 자동차 산업 및 조선 산업을 위해서는 안정적인 대량 철강 공급이 필수적이었기 때문입니다. 하지만 1960년 이전까지 다섯 차례에 걸친 제철소 건설 시도는 번번이 물거품이 되었습니다.

1960년 이후 포항종합제철공장을 설립하면서 원료, 기술, 자본조차 없는 제로 베이스에서 시작한 한국의 제철 산업은 1973년에 처음으로 국내 첫 용광로에서 쇳물을 뽑아내는 쾌거를 이루었습니다. 이후 대한민국은 값싸고 물성이 우수한 철강 재료를 바탕으로, 자동차, 조선, 건설, 군수산업 등 중화학공업의 발전을 이룰 수 있었던 것입니다.

이처럼 짧은 기간 내에 철강 산업의 근대화를 이룬 포스코는 1990년대 초, 당시 미래형 철강 기술공정 개발을 통해 용광로를 대체하는 프로젝트에 착수했습니다. 이미 코렉스 공법이라는 신공정을 도입하여 최초로 생산 규모를 연산年産 60만 톤까지 확장하여 투자했지만, 여전히 덩어리 상태의 연원료를 사용해야 하는 한계가 있었고 이를 극복하고자 분석탄, 분철광석 등을 사용하는 혁신 공정인 파이넥스 공법을 고안했습니다. 이 공정은 정부 지원 과제로 출발한 것으로, 한국철강협회 내 연구조합을 구성하여 국내 철강사와 함께 기술 개발을 추진한 것입니다. 궁극적으로는 포스코가 중심이 되어 일산日産 15톤 규모의 벤치 스케일bench scale과 150톤 규모의 파일럿 플랜트pilot plant, 그리고 60만 톤 규모의 코렉스 공법 설비를 개조한 데모 플랜트demo plant를 거쳐 2007년 연산 150만 톤 규모로 최초의 상업 설비를 가동했습니다. 포스코의 전신인 포항제철이

1972년 최초로 가동했던 외국산 고로 규모가 연산 103만 톤인 것을 생각해 보면 연산 150만 톤이라는 규모는 경이로운 발전이었습니다. 이후 포스코에서는 2014년에 다시 용량을 키우고 설비를 간소화시킨 연산 200만 톤 규모의 2기 설비로 현재까지 파이넥스 공법을 가동하고 있습니다.

대한민국 고유 공정 기술인 파이넥스 공법이 성공할 수 있는 비결 중 하나는 석탄의 새로운 활용법 덕분입니다. 파이넥스 공법에서는 세계 최초로 상온에서 바인더로 성형한 성형탄을 제철 야금용으로 사용했습니다. 제철용으로 사용되는 석탄은 앞서 언급된 코크스가 일반적이었는데, 코크스는 용광로에 장입되기까지 물리적·기계적 강도를 확보해야 할 뿐 아니라, 섭씨 1,000도가 넘는 고온에서 강도도 확보해야만 하부에서 발생하는 가스의 원활한 상승과 하부로 흐르는 용융물의 통로를 확보할 수 있습니다. 그동안 이같은 조건을 만족하는 새로운 석탄 성형체를 개발하지 못했으나 수년에 걸쳐 파이넥스 공법을 개발함으로써 상용화에 성공한 것이지요. 이 기술은 석탄을 분말 형태로 채굴하게 할 뿐 아니라, 용융로와 같은 고온의 제철 공정에서도 코크스에 근접하는 특성을 갖게 한다는 점에서 매우 유용합니다. 그것도 (유동성 및 반사특성 등이 일정 수준 이상인) 코크스 제조용 고급 석탄보다 저등급 석탄으로 가능하게 했다는 점에 더 큰 의미가 있습니다.

또, 파이넥스 공법은 다른 고로 공정과 달리 연소 기체가 압축된 열풍 공기가 아닌 정제된 산소를 사용하기 때문에, 질소산화물 등의 오염 기체 배출량이 고로를 사용했을 때와 대비해 100배 이상 낮으므로 친환경 공정이라고 볼 수 있습니다.[*] 최근 이슈로 떠오르는 이산화탄소 포집 및 저장Carbon Capture and Storage, CCS 기술이 보편화된다면 석탄을 이롭게 사용할 수 있는 가장 최적의 상업적 제철 공정이 될 것입니다.

한편, 현대 산업의 가장 중요한 요소 중 하나는 전기입니다. 그런데 전기를 생산할 때도 엄청난 양의 석탄이 사용되고 있습니다. 화력발전소는 석탄, 석유, 천연가스 등의 화석 자원들을 열원으로 쓸 뿐만 아니라, 바이오매스 및 쓰레기도 열원으로 사용합니다. 천연가스를 활용한 화력발전

- 수소경제를 이끌 수소환원제철도 철강 생산 과정 중에 생산할 수 있는 미래 지향적인 친환경 공정이라고 할 수 있다.

소에서는, 일반 보일러에서의 연소뿐만 아니라 가스터빈을 사용하는데, 가스터빈에서 나온 폐열은 복합화력발전소에서 에너지 효율을 극대화하는 데 활용됩니다.

외판을 주로 하는 상업적인 화력발전소는 지속적인 운전이 가능하도록 매우 큰 규모로 건설됩니다. 이런 발전소에서는 3상 혹은 단상 발전기를 이용하여 50헤르츠 혹은 60헤르츠의 교류를 생산해 산업 및 주택에 에너지를 공급합니다. 수많은 기업, 산업 시설, 심지어 연구소 및 학교는 전기와 열 그리고 증기를 공급받기 위한 자체 발전소를 가지고 있는 경우도 있습니다. 거대 산업이나 시설, 도시 근처에는 열병합발전소cogeneration plant가 있는데, 열병합발전소에서는 발전 도중 나오는 폐열을 활용해 지역난방을 제공합니다. 열병합발전시스템은 하나의 에너지원으로부터 전력과 열을 동시에 발생시키는 종합 에너지 시스템total energy system입니다. 즉, 전력을 생산하면서 손실되는 열을 버리지 않고 재사용하는 시스템입니다. 보통 일반적으로 전기를 생산하는 산업 발전소에서의 전력 효율은 약 33퍼센트에서 48퍼센트 정도입니다. 많은 사람이 이 효율을 개선할 수 있다고 생각하지만, 이 효율은 모든 역기계가 복종할 수밖에 없는 열역학 법칙 때문에 제한되고, 반 이상의 에너지는 열로 손실되어 버려집니다. 열병합발전소에서는 주로 냉각탑과 냉각수에서 유실되어 버려지는 이 폐열을 지역난방에 사용하는 것이지요.

물이 부족한 사막 국가에 있는 화력발전소에서는 화석연료를 연소시켜 전력을 생산하거나, 발생하는 폐열을 활용하여 탈염 설비를 가동해서 바닷물로부터 부족한 물(담수)을 얻기도 합니다.

화력발전 공정에서는 연료를 연소하는 과정에서 발생하는 오염 물질 대부분이 작은 입자 형태로 배출됩니다. 석탄을 많이 활용하는 중국에서 겨울철만 되면 대기오염 문제가 심각해지는 것도, 석탄을 연소하면서 발생하는 작은 입자 형태의 오염물 때문입니다.

물론 최근 환경에 대한 이슈가 점증함에 따라 한편에서는 화력발전을 지속하기 위한 대안 기술도 제안되고 있습니다. 가령 탄소를 포함하여 분진이나 대기 중의 다른 원소와 반응해 2차 오염 물질을 생성하는 화합물들은 크기가 매우 작아 걸러내기가 어렵지만, 강한 전극에 통과시키면 전기적 성질을 띠게 할 수 있습니다. 이러한 성질을 이용해

정전기적 성질을 지닌 오염 물질만 전기장에 통과시켜 따로 모아주는 전기집진기가 사용되고 있기도 합니다.

분진 외에도 석탄을 이용한 화력발전의 또 다른 문제로 지적되는 것은 온실가스인 이산화탄소의 과다 배출입니다. 이산화탄소는 앞서 제시된 분진처럼 흡착 기술로도 제거하기 어려워서 다른 기술을 필요로 하는데, 그것이 바로 앞서 말한 이산화탄소 포집 및 저장 기술입니다. 발생한 가스 중 이산화탄소만을 선택적으로 포집해서 액체 또는 고체 상태로 만들어 저장하거나, 이산화탄소가 필요한 다른 산업, 즉 바이오디젤, 합성수지, 약품 등의 원료로 사용하는 등 활용 방안이 다양하게 연구되고 있습니다.

다른 방식으로 환경 이슈에 대응하는 방안도 있습니다. 요약해 보면, 석탄이나 가스를 수소와 이산화탄소의 혼합물로 변환한 후 이산화탄소를 분리하는 연소 전처리pre-combustion, 이산화탄소를 분리하는 방법인 연소 후처리post-combustion, 공기 대신 산소로 석탄과 가스를 태우는 순산소 연소oxy-combustion가 주목받고 있습니다.

그중 석탄을 연료로 사용하면서도, 천연가스를 연료로 삼았을 때 수준의 유해 물질을 배출하는 신개념 발전

방식도 개발하여 사용 중입니다. 바로 석탄가스화복합발전Integrated Gasification Combined Cycle, IGCC으로, 이는 고온, 고압 상태에서 석탄을 기체화하여 합성가스를 만들고 이를 연료로 가스터빈을 돌리는 시스템입니다. 석탄가스화복합발전 기술은 석탄을 이용한 기존의 화력발전보다 발전 효율이 높고 유해 물질 배출량이 적어 화력 청정 기술로 주목받고 있습니다. 하지만 전술한 다양한 대안 기술을 보편화하기에는 현재보다 제조비용이 2, 3배 높아진다는 것이 큰 걸림돌입니다. 또 탄소중립이라는 이슈 속에서 이렇게 석탄을 사용해 환경적 이슈를 극복하려는 방안은 무의미해 보이기 때문에 지속적으로 기술을 개발하기 어려운 실정이기도 합니다.

화력발전과 철강 산업은 석탄을 가장 많이 사용한다는 점에서 유사성을 갖지만, 더 자세히 살펴보면 큰 차이가 있습니다. 먼저 화력발전용 석탄과 제철용 석탄은 일정 열량 및 특성을 유지하기 위해 혼합탄을 사용하여 공정을 위한 최적화된 조건을 맞춰야 한다는 점은 같습니다. 하지만 화력발전용 석탄은 가루탄 형태로 연소시켜야 하므로 점결粘結특성이 낮은 석탄을 선호하고, 철강 산업에서 사용되는 야금용 석탄metallurgical coal은 건류 단계에서 점결성이 확보되어야 한다는 점이 다릅니다. 즉, 화력발전을 위한 석탄은 석탄에서 열량을 얻기 위한 수단일 뿐이지만, 철강 산업에서의 석탄은 필요한 열량을 내는 것뿐 아니라 고유의 환원 반응reduction을 동시에 수행해야 하는 것이지요. 이러한 차이 때문에 두 산업계에서는 각각 다른 석탄을 구매하고 있습니다.

일반적으로 산업에 이용되는 석탄 수요량이 증가하면 가격이 상승하지만, 최근과 같이 각국에서 석탄을 이용하는 화력발전 비율을 제한하는 상황에서 발전용 석탄 가격은 지속해서 하락하고 있지요. 반면, 여전히 대안이 부족한 제철용 석탄 가격은 유지되거나 상승하고 있습니다. 특히, 제철용 석탄은 일부 지역에서만 부존자원이 채굴되고 있으므로, 계속해서 공급자 주도 시장이 유지될 것으로 보이며 이는 판매자에게 유리한 상황입니다. 탈탄소 사회가 안착할 것으로 기대하는 머지않은 미래에는 이러한 경향에 변동이 일어날 거라 예상되지만, 오랜 경험과 사회 전반의 정착된 구조로 인해 당분간은 이 현상이 지속될 것이라고 예상됩니다.

석탄은 코크스 제조로 인해 산업과 화학 및 농업 분야에도 심대한 영향을 끼쳤습니다. 코크스화는 석탄의 탄화와 부분 건류*에 해당합니다. 이 공정을 통해 다음 세 가지 중요한 제품을 얻을 수 있습니다.

첫 번째는 '도시가스'라고 하는 수소(40~60퍼센트)와 메탄(20~30퍼센트)의 혼합물입니다. 이를 상업화한 첫 번째 가스회사는 가스라이트앤드코크컴퍼니Gas Light and Coke Company로, 1812년에 설립되었습니다. 이 회사에서 처음 나무 파이프를 이용해 웨스트민스터 다리에 불을 밝혔고 이것이 상업용 가스 산업의 시작이 되었던 것이지요. 곧 이렇게 가스를 조명으로 활용함으로써 교육, 안전, 건강 및 생산성에 큰 변화가 일어났습니다. 1830년대까지 유럽에서는 수백 개의 도시가스와 코크스를 제조하는 설비가 가동되었고, 1880년대까지 도시가스의 사용량을 측정할 수 있는 가스 측정기가 일반화되었습니다.

두 번째 제품은 코크스 그 자체입니다. 코크스는 철강

• 산소 없이 약 20시간 동안 섭씨 600~900도의 온도에서 가열하는 것을 뜻한다.

을 제조하는 데 사용하는 재료로, 이를 통해 영국 산업혁명의 기반을 닦을 수 있었지요.

세 번째 제품은 콜타르로, 검고 점착성이 있는 물질입니다. 초기에는 제한된 용도로 활용되며 강에 폐기되거나 아무 곳에나 버려졌습니다. 이후, 조선 산업에서 제한적으로 사용되다가 이내 사회 여러 분야에 영향을 미치면서 사용량이 급격히 증가했습니다. 중국의 경우, 석유 가격이 높았던 21세기 초반에는 석유의 대체재로 석탄의 코크스와 콜타르로부터 석유화학제품을 생산시키는 기술을 개발하기도 했지요. 그러나 셰일가스의 등장으로 국제 원유 가격이 급락하면서 석탄 기반의 석유화학 산업이 재등장하는 데 제동이 걸리기도 했습니다.

한편, 1980년대 이후 출생한 세대에게는 익숙하지 않겠지만, 우리나라에서도 석탄(무연탄)은 한때 보편적인 가정용 연료로 활용되었습니다. 이 발명품은 무연탄을 주원료로, 여기에 다른 탄화물을 분쇄 또는 배합하거나 점결제를 혼합해서 성형·건조한 원통형 고체 연료입니다. 명확하지는 않지만 1947년 대구에서 대성연탄을 소규모로 제조하고 판매한 것이 시작이라고 알려져 있습니다. 공기구멍이

뚫려 있어서 '구공탄' 또는 '구멍탄'이라고도 합니다. 다른 탄화물로는 코크스분, 목탄가루 등이 있고, 점결제로는 당밀, 전분, 펄프 폐액, 석회 등이 사용되었습니다. 국산 무연탄은 점결성이 좋아 별도의 점결제를 첨가하지 않고도 구멍탄 성형이 가능하며, 가정 난방용으로 지금까지도 사용 중입니다. 한국산업규격에 의하면 연탄의 발열량은 4,600킬로칼로리 이상이어야 하며, 300미터 높이에서 전락轉落했을 때 파괴되지 않도록 성형해야 합니다. 또한, 연탄에는 약 2퍼센트의 석회류를 배합하도록 규정하고 있으나, 갈수록 무연탄의 질이 떨어지고 있어서 최근에는 석회류를 배합하지 않고 있습니다. 연탄의 점화 및 연소 과정에서 발생하는 일산화탄소는 인체에 유해하여, 공기 중에 0.05퍼센트 이상 함유되면 중독되어 결국은 인명 손상으로 이어집니다. 연탄가스 중독은 결국 불완전연소한 일산화탄소가 혈액 중 산소를 빼앗아 산소 부족에 의한 저산소증을 일으키는 현상입니다.

최근 국내 무연탄은 점차 심부화深部化되고 있고, 기계적 채탄이 점점 어려워 인력에 의한 채탄에 의존하고 있습니다. 게다가 2차, 3차까지 이어지는 재채굴로 말미암아 탄질이 저하되고 증산도 어려워지고 있습니다. 이를 해결하고자 외국산 고품질 탄을 수입하여 국내의 저품질 탄과 혼합해 연탄을 제조하는 경우 국내의 저질 무연탄을 활용할 수도 있겠으나, 외국산 고품질 탄은 점결성이 부족하여 15퍼센트 이상 혼합하면 연탄으로서의 성형이 어렵습니다. 다행히 생활 수준의 향상과 도시가스의 보급으로, 대도시의 연탄 소비량은 급속히 감소하는 추세입니다.

한편, 석탄과 같은 오래된 에너지원은 최근 국제적인 이슈이기도 합니다. 현대화된 중국은 지정학적 문제로 두 가지 요소인 에너지와 원자재를 외부에 의존하고 있습니다. 이렇게 생산한 제품도 상당 부분 외부 시장에서 소화되어야 합니다. 이를 위해서는 재화의 공급 및 수급을 위한 운송 루트를 확보해야 하고 이 루트에 문제가 없어야 합니다. 이런 문제를 극복하기 위해 중국 내부에 부존된 상당한 양의 석탄을 어떻게 활용할지에 관해 관심을 많이 기울이고 있습니다. 하지만 부존된 석탄 대부분은 일반 용도로만 사용 가능하거나 열량이 낮은 저품질 석탄 위주로 구성되어 있습니다. 특히 제철용으로 사용되는 고품질 석탄이 아니므로, 안정적 산업화를 위한 자원으로는 적합하지 않았습니다. 효율적인 공정을 위해서는 안정적 품질의 석탄이 필요했기에 제철, 발전 등 여러 산업에서는 수입 석탄에 의존해 왔습니다.

이후 시간이 지나면서 석유 사용량이 늘어나자, 그 많은 양을 대부분 수입에 의존하게 되었습니다. 그러나 석유는 석탄과는 달리 국제적 권력의 주도권과 밀접하게 관련된 것으로, 천연가스와 함께 강대국 사이 자원 쟁탈전의 주요 대상이 되고 있습니다. 석탄이 주력 에너지였던 과거에는 주 소비 지역이었던 영국, 독일, 구소련, 미국 등이 석탄 공급 지역과 대략 일치하는 경향을 보였지만 현재 천연가스를 포함한 석유 경제는 전 세계적으로 영향을 미치고 거대한 파급효과를 가지고 있기 때문입니다.

한편 중국은 자국이 보유한 많은 양의 석탄에 주목하여 과거 독일이 시도했던 석탄 가스화나 액화 기술을 현대적으로 재해석하며 크게 산업을 확장했습니다. 석탄은 연료로서의 기능도 있지만, 액화하면 석유와 같은 성상을 만들 수 있기에 부족한 석유를 대체할 수 있기 때문입니다. 그뿐만 아니라, 석유로 화학제품을 생산하는 방식을 석탄으로도 구현할 수 있다는 점에 착안하여 석탄화학 산업도 전략적으로 성장시켰습니다. 석유화학과 석탄화학은 서로 대립적 관계로, 유가에 따라 두 진영에서 생산되는 화학제품의 경제성이 달라집니다. 지난 수십 년 동안 높은 원유 가격에 대항해서 석탄이 충분한 경제성을 가질 수 있다는 확신하에 중국은 자국 전역에 최신형 석탄화학 설비를 투자했던 것이지요. 이에 따라 2015년 이후 국내의 석유화학 회사들은 긴장할 수밖에 없었고, 일본 등 몇몇 국가에서는 석유화학 설비를 과잉 설비로 판단하여 사업에서 철수한 바 있습니다. 하지만 미국 트럼프 행정부의 출범에 따른 셰일가스의 급격한 공급과 국제적 경쟁력을 확보하기 위한 러시아의 천연가스 대량 생산에 따라 국제 유가가 급락하면서 중국 석탄화학 산업의 경쟁력은 빠르게 쇠락했습니다. 이로 인해 대규모 설비를 여전히 보유하고 있던 국내의 석유화학 회사들은 지난 몇 년 동안 반사이익을 얻어 큰 호황을 누린 바 있습니다.

그동안 석탄 산업은 석유 산업과 경제적인 측면에서 '디커플링decoupling' 관계를 보여왔습니다. 석탄은 일정 부분 석유의 대체재로서 자신의 존재감을 보여왔으나, 탄소 중립 사회로 전환할 때 이 두 가지 화석연료는 재생에너지

등으로 대변되는 청정에너지에 밀려 참으로 오랜만에 '커플링coupling' 관계를 형성할 것으로 보입니다.

한편 북한 역시 천연자원을 다량 보유하고 있는데 그중에는 석회석과 함께 석탄도 포함되어 있습니다. 남한보다 석탄이 풍부한 북한은 정권을 유지하는 수단으로 천연자원을 활용해 왔습니다. 하지만 북한산 석탄 역시 열량이 높지 않고 특히 코크스로 사용되는 고품질의 역청탄은 매장되어 있지 않아 근대 철강업의 상징인 용광로 조업을 위해서는 제철용 석탄을 수입해야만 했습니다. 하지만 제철용 석탄은 가격도 높을 뿐 아니라, 수입할 수 있는 지역이 한정되어 있고 그나마 가능한 산지는 대부분 원거리인 호주, 브라질 및 미국에 한정되어 있습니다. 이들 국가는 다른 대륙에 속해 있어 해양 수송에 의존해야 하며 규모를 어느 정도 키워야 운송비를 경제적으로 책정할 수 있는 상황입니다. 물론 이 국가들과 적대관계에 있다는 점이 가장 큰 장애 요인이며 우방인 러시아나 몽골 등의 내륙지역 국가들은 양질의 석탄을 보유하고 있지만, 육로 수송은 해양 수송보다 훨씬 높은 운송비가 들고 기반시설인 철도망이 구축되어야 하므로 여러모로 복합적인 상황에 있습니다.

동시에 북한은 원유도 수입에 의존해야 하는 상황이었기에 연료용 에너지가 부족할 뿐 아니라 화학제품을 자립적으로 생산할 수 있는 기반도 전혀 없는 상태입니다. 이런 연유로 북한은 자신들이 보유한 중저가 품질의 석탄을 통해 이른바 '주체 산업'으로 명명한 자신들만의 독자적인 기술 개발에 전념했습니다. 비날론은 나일론에 이은 세계 두 번째 화학섬유로, 이승기 박사가 1939년 10월 일본 다카츠키화학연구소에서 발명했습니다. 북한이 자체 기술로 개발한 폴리비닐알코올계 합성섬유이며 석회석과 무연탄으로 만들어졌습니다. 원래 이름은 '비닐론'이었지만 김일성이 국가적 지원으로 연구·개발을 독려하면서 '비날론'으로 명칭을 바꾸고 대대적으로 보급했으며, 이후 면을 대신하는 대중적 섬유가 되었습니다. 1951년부터 생산에 들어갔으며 1961년 함흥시에 2.8비날론공장을 설립하여 본격적으로 생산 확대에 나섰습니다. 1989년에는 평안남도 순천에 대단위 종합화학 공업단지인 순천비날론연합기업소를 건설했으며, 함경남도 함흥에도 비날론연구소를 세웠습니다.

비날론은 카바이드 생산공정, 카바이드에 의한 초산비닐 합성 공정, 폴리비닐알코올 제조 공정, 방사 및 후처리 공정 등 네 단계에 걸쳐 생산됩니다. 비교적 생산비가 적게 들고 인조섬유보다 질이 좋으며 가볍고 빛에 강합니다. 또, 내구성이 좋고 자연섬유에 가깝다는 장점이 있습니다. 그러나 염색 처리가 힘들고 생산과정에서 유독가스나 폐수 등이 배출되기 때문에 다른 국가에서는 거의 사용하지 않으며, 나일론과 폴리에스터 등 다른 합성섬유에 밀려 경쟁력을 상실했습니다.

북한의 중화학공업이 전력 과소비형인 점에는 여러 이유가 있지만 가장 큰 요인은 석탄화학 산업구조에서 비롯됩니다. 북한은 자립적 민족 경제 건설을 위해 석유화학 산업 체계를 일찌감치 포기하고 석탄화학 산업 체계를 정립시켰습니다. 탄소하나화학공업과 석탄가스화를 비롯한 석탄화학 산업 체계에 유리한 기술 환경이 조성되면서 북한의 화학 산업은 이에 집중하고 있습니다. 탄소하나화학공업에서는 카바이드 단계를 생략하기 때문에 전력 소비량을 획기적으로 줄일 수 있기 때문입니다.

북한의 이런 노력은 제2차 세계대전 당시 연합국이 석유의 수출을 막은 상황에서 석탄과 탄산칼슘(석회석)을 이용해 부나를 개발한 독일의 사례와 유사합니다. 부나는

1930년대 독일에서 개발된 것으로, 부타디엔과 촉매제 나트륨을 합성한 화합물의 축약된 명칭입니다. 이 물질은 석회와 석탄으로 제조되는데 석회는 불에 태운 후 코크스와 섞어 높은 온도에서 가열합니다. 생성된 탄화칼슘을 물과 섞으면 가연성 아세틸렌이 생성됩니다. 그리고 아세틸렌에서 다시금 탄성고무의 원료 부타디엔이 만들어집니다.

나치 시절 독일의 화학자들은 자신들이 만든 고무가 화학 분야의 대작일 뿐 아니라 인본주의 행위라고 여기며 대단한 자부심을 느꼈습니다. 그들은 농장식으로 재배한 고무와 아마존의 고무는 지역민들에게 엄청난 폭력과 억압을 가해 얻어졌다는 사실에 주목하며 천연고무를 타민족 착취를 통한 '피의 고무'라며 비판하는 한편, 독일의 고무는 자국에서 나는 석탄과 석회라는 깨끗한 물질로 만들어졌다며 무척 자부심을 가졌습니다. 하지만 합성고무의 원료인 부나의 최대 투자 공장을 아우슈비츠에 세워 값싼 노동력으로 나치 군대를 위한 부나를 생산했던 역사 또한 기억되고 있습니다.

앞서 말한 비날론 기술이라고 하는 탄소하나화학공업은 북한의 첫 번째 연구 결과물이었는데요. 북한은 이와 유사한 과정을 겪은 '주체철'도 보유하고 있습니다. 북한은 오랜 세월 철강 제조 분야에서도 자국의 보유 원료를 통한 개발을 거듭하여 지난 2000년대 중반 이후 주체철 개발에 성공했습니다. 주체철 역시 북한의 풍부한 석탄과 석회석을 이용하는 기술입니다. 이 기술도 기존의 코크스를 제조하여 손쉽게 용광로에 장입하여 고온의 열과 가스를 생산하며 동시에 장입된 철광석의 하중을 견디면서 쇳물을 생산하는 방식을 선택할 수 없었기 때문에 이를 위한 대안 기술로 추진되었습니다. 기본적으로는 점결 기능이 없는 무연탄을, 역시 품위가 낮은 철광석 분말과 함께 석회석 가루에 혼합시킨 펠릿을 제조하여 회전로나 샤프트로에서 부분 환원시키고 고체환원철을 전기로에서 용융시켜 철을 생산하는 식입니다.

문제는 추가 환원과 동시에 용해하는 전기로를 사용할 때 필요한 전력 공급이 북한에서는 현실적으로 한계가 있었다는 것이지요. 한때는 전기로를 연결해 주체철 개발에 성공했다는 발표를 하기도 했지만, 극심한 전력난 속에 이 공정을 지속하는 것은 불가능했던 것 같습니다. 전해지는 소식으로는 개발자가 영웅으로 추대되었다가 얼마 후 숙청

되는 비운을 맞았다고 합니다. 그러나 이후에도 북한은 이 기술에 대한 집념을 버리지 않고 품위가 더 낮은 갈탄을 이용한 석탄가스화와 '공기 분리 장치'라고도 불리는 산소 제조 장치ASU를 자체 개발한 기술을 발표하기도 했습니다. 하지만 여전히 산소 제조 등에 소모되는 전력에 대한 문제점과 저품위 석탄과 광석 사용에 따른 공정의 실수율이 낮으므로 투입한 노력보다 얻을 수 있는 경제적 효과는 적어 보입니다. 이미 효과적인 기술과 자원이 존재하는데도, 스스로 고립시킨 채로 어떻게든 살아나가려는 북한의 모습을 보면 안타깝습니다.

10. 탄소에너지 활용 기술의 진보

앞서 언급했듯이 석탄, 석유 그리고 천연가스는 기본적으로 선사시대에 죽은 식물과 동물이 암석에 눌려 수백만 년 동안 분해되어 변한 것입니다. 인류는 이를 시추해서 채취한 후 태워서 에너지를 얻을 수 있는 형태로 가공해 왔습니다. 그리고 석탄과 석유 그리고 천연가스는 그 근원 물질이 같습니다. 따라서 이 세 가지 화석연료를 분석해 보면 크게 고체, 액체, 기체 형태로 나눠진다는 것을 알 수 있습니다.

고체 형태와 비교했을 때 액체와 기체는 수송 측면에서 이점을 가집니다. 즉, 원거리에서도 파이프로 이송시킬 수

91

2부 기술적 의미의 석탄

있고, 형상이 제각각인 고체 상태의 석탄은 정밀한 처리량을 실시간으로 알기 힘들고 제어하기가 곤란하지만, 액체 상태의 석유는 연속적인 측정, 제어가 가능하여 엔진 등에 쉽게 활용될 수 있습니다. 따라서 석유와 천연가스가 개발되면서 석탄을 필요로 하는 소규모 산업이나 개인적 수요는 감소했지만, 대규모 산업에서 석탄을 활용하는 빈도가 늘면서 전체 생산량은 꾸준히 유지되기도 했습니다.

석탄은 막 채굴한 상태에서는 공기와 반응해서 수분 손실과 산화 반응이 발생합니다. 고유 특성인 점결성이 손실되고 열량의 변동이 생기는 것은, 석탄이 유기물임을 알게 하는 또 하나의 현상입니다. 또한, 자연발화를 일으키기도 하여 대량으로 운송하기에는 불편함이 존재합니다. 이런 현상은 고열량 석탄보다는 저열량 석탄에서 더 흔하게 관찰할 수 있습니다. 석탄을 대량으로 필요로 하는 화력발전소나 제철소 등에서는 환경적 이슈로 야적 상태에서의 발화 혹은 성분 변동, 대기 중 발생하는 비산 먼지 발생 억제 등을 위해 별도의 보관 장소인 사일로를 설치하고 있습니다.

석탄은 10~20퍼센트의 재를 함유하기 때문에 사용 후 이를 처리해야 하고, 이런 측면에서 후발 화석연료인 석유와 천연가스보다 매력도가 낮습니다. 하지만 다시 구체적으로 화석연료의 성분을 나누어 보면 'C-H-O-N' 화합물로 구성된 유기물에 기원을 두고 있고, 각각의 특성은 원소의 종류가 아니라 원소의 연결 방식에 따라 차이를 보입니다. 유기물은 극히 일부의 원소로 이루어져 있음에도 불구하고 무기물보다 그 종류가 매우 많습니다. 특히 화석연료는 탄소, 수소가 주된 원소이고, 이 중에서 탄소가 월등히 높은 비중으로 구성됩니다.

석탄을 그 자체로 활용하는 때도 있었지만 최근에는 이처럼 재를 분리한 후 다시 탄화수소를 분별하여 파생 제품화하는 방법이 진행되어 왔습니다. 탄화수소 성분 측면에서는 후발 화석연료인 석유와 천연가스 사이에 차이가 없으므로 이를 액체 혹은 기체 상태의 석탄 대체품으로 활용할 수 있는 경제성이 시대적으로 요청되었기 때문입니다. 그동안 석유(천연가스)와 석탄은 시장에서 경쟁적인 관계를 맺었습니다. 석유가 에너지의 주공급원으로 자리 잡으면서 유가의 변동 폭에 따라 석탄에서 추출한 대체재가 시기에 따라 경제성을 갖게 되거나, 석탄 부존량이 막대한 지역에서는 자연스럽게 석탄을 이용한 석유 대체 연료와 가스를

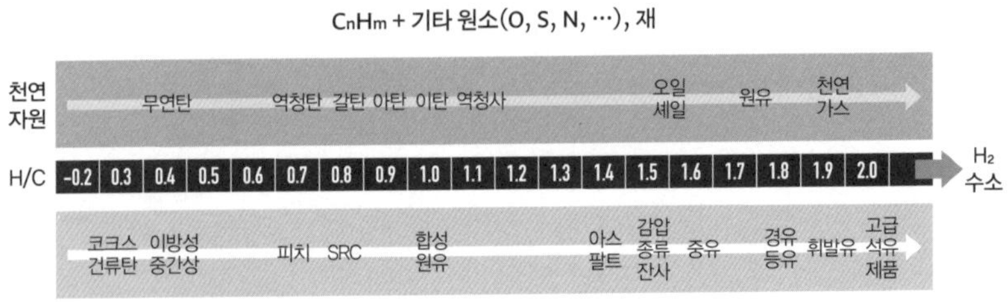

CnHm + 기타 원소(O, S, N, …), 재

천연 자원	무연탄		역청탄 갈탄 아탄 이탄 역청사		오일 셰일	원유	천연 가스	

| H/C | -0.2 | 0.3 | 0.4 | 0.5 | 0.6 | 0.7 | 0.8 | 0.9 | 1.0 | 1.1 | 1.2 | 1.3 | 1.4 | 1.5 | 1.6 | 1.7 | 1.8 | 1.9 | 2.0 | → H₂
수소 |

코크스   이방성   피치 SRC   합성   아스 감압   중유   경유 휘발유 고급
건류탄   중간상   원유   팔트 종류   등유   석유
                                                 잔사   제품

그림 5 수소 대 탄소로 설명되는 에너지 활용 기술의 진보 그래프.

생산하는 기술이 발전되어 왔습니다.

그런 관점에서 석탄과 석탄의 파생 제품화, 그리고 석유 및 천연가스를 수소와 원자 비율로 표기해 위의 그림으로 정리했습니다.

석탄은 석유보다 수소 함량이 낮습니다. 대신에 석탄은 탄소 비율이 월등히 높지요. 수소는 함께 포함된 수분과 휘발성분에 함유된 것이 대부분이며 이를 추출해서 각종 부산물을 유용하게 사용하고 있습니다. 석탄의 분류 중에 무연탄은 이름에서 알 수 있듯이 오직 탄소와 재로 구성되어 있으며 기체화될 성분이 극히 적습니다. 따라서 수소 대 탄소$^{H/C}$를 그린 축에서 가장 낮은 위치를 점하고 있습니다. 유도체 중에서는 코크스가 가장 낮은 값을 가지고 있는데,

이는 인위적으로 수분과 휘발성분을 제거하여 높은 강도와 기공을 보유하게 만든 것으로 용광로 제철용으로 사용됩니다. 이후 수소 대 탄소 비율이 1.1인 수준까지는 천연 석탄의 성상별로 자리 잡고 있습니다. 수소 비율이 높을수록 역청탄을 제외하고는 대부분 수분이 많이 포함되어 있기 때문입니다. 따라서 이 비율까지는 석탄을 그대로 활용할 가치가 낮으므로 액화시키는 원료로 가공되어 석유 대체 연료로 공급되기도 합니다. 한편 수소 대 탄소 비율이 1.5를 넘어서면 비로소 역청질의 고분자화합물을 포함한 암석인 셰일가스가 발생합니다. 이 이후로는 액체 상태의 석유이며 천연가스의 수소 대 탄소 비율은 2.0을 넘어섭니다. 석유를 증류해서 얻어지는 유도품은 수소 대 탄소 비율이 1.4이상인데 여기서 아스팔트와 잔사 및 우리가 흔히 엔진의 연료로 사용하는 중유, 경유, 휘발유 등을 얻을 수 있습니다. 수소 비율이 높아질수록 에너지 밀도는 낮지만, 연소 효율이 높은 장점 때문에 수소 대 탄소 비율이 2.0인 가공품을 얻을 수도 있습니다.[8]

인류가 석유 혹은 석탄의 가공품을 제조하는 과정을 살펴보면 점차 수소의 비율이 높아지는 것을 볼 수 있습니다.

이는 수소가 갖는 여러 특성 때문이기도 하지만, 수소 비율이 높은 연료는 연소 시 부수적으로 생산되는 유해 잔류물이 적기 때문에 에너지 밀도가 낮더라도 점차 선호하는 연료로 자리 잡고 있습니다. 오래전 수소 대 탄소의 비율이 약 0.1이었던 나무를 연료로 삼는 것이 지배적이었으나, 약 1.0의 비율인 석탄, 2.0의 비율을 가지는 원유가 주 연료인 상태로 바뀌어 온 것처럼 말이지요. 이러한 추세는 4.0의 수소 대 탄소 비율을 보유한 천연가스가 등장하면서 또 바뀌어 가고 있습니다.

한편 제트엔진처럼 휘발유가 아니라 등유를 사용하는 경우도 있습니다. 등유는 원유를 특정 온도까지 가열한 뒤, 끓어서 증발한 등유를 다시 응축해서 모았습니다. 초기에는, 이때 발생한 휘발유가 너무 잘 증발해서 쓸모없다고 여겼기 때문에 주변의 하천에 흘려서 버리곤 했습니다. 이처럼 원유 속에 숨겨진 어마어마한 가능성이 간과되었지만, 등유는 휘발유보다 물리적으로 밀도도 높고(휘발유 대 등유 비율은 1리터당 0.71그램 대비 0.81그램) 에너지 밀도 또한 높아 연료 탱크에 더 많이 저장할 수 있다는 장점이 있었습니다. 또, 휘발유보다 좀 더 무거운 정제 연료인데도 값이 쌀

뿐더러 높은 고도에서도 증발할 손실이 적습니다. 지상에 서의 화재 위험이 낮고, 여객기가 충돌해 화재가 일어날 시에도 폭발 위험을 최소화한다는 장점도 있습니다. 여객기는 예정된 비행 연료 외에도 비상 상황이나 기상 조건 때문에 필요한 추가 연료를 날개에 충분히 저장해야 하는데 이것도 가능했던 것이지요.

현대의 정유 산업을 거대한 규모로 성장시킨 것은 이처럼 탄화수소 분자를 쪼개는 크래킹 기술의 발명입니다. 처음 정유 산업에서는 열분해법을 주로 사용하다가 이후 증기를 사용하는 방법이 등장했고, 마지막으로 합성 촉매를 이용하는 현대적인 촉매 크래킹 방법으로 확장되었습니다. 크래킹은 화학적 공정에서 긴 탄화수소 사슬을 좀 더 짧은 사슬로 쪼개는 공정으로 원유를 증류해서 얻은 제품을 사용자의 요구에 맞는 형태로 가공할 수 있게 해줍니다. 물론 일반 증류 공정을 통해서도 탄소 수가 5개에서 10개 사이로 구성된 휘발유를 얻을 수 있지만, 크래킹 공정을 거치면 더 많은 양의 휘발유를 얻을 수 있습니다.

수소가 산업의 지배적 원료로 변화하는 시스템은 탈탄소를 지향하는 현대 에너지산업의 방향과도 부합한다는 점에서 긍정적입니다. 앞서 말했듯 수소를 활용하는 것은 장점이 분명하지만, 수소 사회로 이행하는 과정에서는 에너지 저장 방식과 이송 방법 외에도 많은 부분을 함께 고려해야 합니다. 따라서 장점을 극대화하기 위해서는 수소 사회로의 급속한 전환만이 능사일 수는 없을 것입니다.

11. 석탄의 종류와 활용법

바츨라프 스밀^{Vaclav Smil}의 말대로, 인류는 최고급 석탄인 제트블랙 무연탄을 포함하여 유연탄과 갈탄까지, 여러 등급의 석탄을 사용해 왔습니다.[9] 가장 질이 낮은 갈탄은 탄소 함량이 50퍼센트 이하고, 유연탄은 대개 70에서 75퍼센트 사이이며, 무연탄은 90퍼센트가 넘는 탄소를 포함하고 있습니다. 유연탄은 가장 흔한 석탄인데 잘 말린 목재보다 약 50퍼센트나 높은 에너지 밀도를 가지므로, 에너지 부피가 적어 공간을 적게 차지하며 화로를 자주 채우지 않고도 화력이 오래가는 석탄을 의미합니다. 유연탄의 경우 일반적으로 10퍼센트가량의 불가연성 물질이 함유되어 있는데 이는 대부분 철, 이산화규소, 알칼리 성분의 산화물입니다. 화로에서는 덩어리 석탄을 태우면 바닥재가 생기지만, 대형 발전소와 공장 보일러에서 사용하는 곱게 가공한 석탄은 비싼 재(황성분)를 만들어 냅니다. 목재에는 황이 극소량만 들어 있지만, 유연탄에는 보통 몇 퍼센트 이내 정도로 들어 있고 항산화황과 황철광의 형태로 발견됩니다. 황이 연소하면 반응이 빠른 기체인 이산화황이 발생하는데 이는 대기 중에서 쉽게 산화되어 황산염이 되며 산성비를 내리게 하는 주범이 되어왔습니다. 지금부터는 좀 더 상세하게 석탄의 유형별 쓰임새를 살펴보겠습니다.

석탄의 종류와
사용처

석탄은 탄소분의 함량에 따라 분류하기도 하는데, 탄소분이 60퍼센트인 이탄, 70퍼센트인 아탄 및 갈탄, 80~90퍼센트인 역청탄, 95퍼센트인 무연탄 등으로 구분됩니다. 이외에 아역청탄, 채탄, 토탄 등으로 세분화하기도 하지만,

보통은 이탄, 갈탄, 역청탄, 무연탄까지 대표적인 네 종류의 석탄으로 구분합니다.

아탄은 유연탄의 일종이자 탄화도가 낮은 저품위 갈탄으로, 학술적으로는 갈색 갈탄이라고 합니다. 발열량은 1킬로그램당 3,000~4,000킬로칼로리로 낮은 비점결탄으로, 가끔 연료로 사용됩니다. 수분이 빠지면 석탄이 수축하면서 부피가 줄어드는데 목질아탄*은 널빤지 모양으로 벗겨지고, 탄질아탄**은 불규칙한 균열이 생겨서 급속히 분화합니다.

이탄은 수목질의 유체가 분지에 두껍게 퇴적하여 물에서 균류 등의 상적인 변화를 받아 분해하고 변질된 것으로, 토탄이라고도 합니다. 지하에 매몰된 수목질이 오랜 세월 지열과 지압을 받아 생성된 석탄과는 달리, 이탄은 식물질의 주성분인 리그닌, 셀룰로스 등 지표에서 식물의 분해 작용을 받은 물질입니다. 토탄은 산림 지역의 늪에 있던 식물

- 목질아탄은 목질 조직이 어느 정도 보존되어 있어 나뭇결이 눈에 보이는 특성을 갖는다.
- ● 탄질아탄은 미세한 석탄질과 광물질로 된 치밀함을 갖고 있다.

파편들이 고밀도로 모인 것으로, 기존 식물 조직의 치환 정도가 작으며 주로 미생물의 작용으로 만들어진 석탄회 과정의 산물입니다.

갈탄에 포함된 대부분의 식물 조각 조직은 식별 가능합니다. 또 갈탄의 형성을 위해서는 매몰과 무산소라는 조건이 필요합니다. 갈탄은 유연탄의 일종으로 석탄 중에서 탄화도가 가장 낮은 석탄입니다. 흑갈색을 띠며 발열량이 1킬로그램당 4,000~6,000킬로칼로리, 휘발성분이 40퍼센트 정도입니다. 갈탄은 탄소 성분이 50~60퍼센트로 다른 석탄에 비해 낮으므로 원목의 형상, 나이테, 줄기 등의 조직이 보이는 경우가 많습니다. 수분, 휘발분 및 회분을 뺀 나머지 고정 탄소의 함량이 적고 물기에 젖기 쉬우며, 건조하면 가루가 되기 쉽습니다. 코크스 제조용으로 사용하기는 어렵고 대부분 가정 연료나 기타 연료로 사용됩니다.

갈탄이 겔화gelification 작용으로 변화한 것이 역청탄입니다. 역청탄의 주 구성성분 중 하나인 비트리나이트vitrinite를 형성합니다. 역청탄은 갈탄보다 휘발성 물질과 수분을 적게 함유하며, 75~90퍼센트의 탄소로 이루어집니다. 무르고 표면이 거친 갈탄에 비해, 단단하며 검은색의 밝은 광택을 보입니다. 역청탄은 유연탄의 일종으로 흑색 또는 암흑색입니다. 연소 시 긴 불꽃을 내며, 특유의 악취가 있는 매연을 내기도 합니다. 탄소 함유량은 80~90퍼센트, 수소 함유량은 4~6퍼센트며 탄화도가 상승함에 따라 수소가 감소하고 탄소가 증가합니다. 발열량은 1킬로그램당 8,100킬로칼로리 이상으로 제철용 코크스로 이용되며 얼마 전까지 수소의 첨가, 가스화 등의 연구가 발달하던 시기에는 석탄화학 산업에서 관심이 높은 석탄이었습니다. 건류 때에는 역청 비슷한 물질이 생기므로 역청탄이라는 이름이 붙었습니다.

무연탄은 탄소를 90퍼센트 이상 포함하며 연소 시 연기가 발생하지 않는 것이 특징으로, 밝은 광택을 보입니다. 무연탄은 탄화가 가장 잘되어 연기를 내지 않고 연소합니다. 휘발분이 3~7퍼센트로 적고 고정 탄소의 함량이 85~95퍼센트로 높은 편이므로 연소 시 불꽃이 짧고 연기가 거의 발생하지 않기에 붙여진 명칭입니다. 발화점이 섭씨 490도이므로 불이 잘 붙지는 않지만, 불이 붙으면 화력이 강하고 일정한 온도를 유지하면서 연소합니다. 역청탄에서 무연탄으로 변화하는 과정에서 많은 양의 메탄과 기타 탄화수소가 떨어지게 되는데, 이러한 기체 특성상 탄화수소가 주변에 있는 암석에 포함되어 축적될 수 있습니다. 등급이 낮은 석탄의 채굴 시 축적된 폭발성 가스가 석탄광 내에서 폭발을 일으키는 원인이 될 수도 있습니다.

이러한 석탄은 종류에 따라 사용하는 용도가 다른데, 보통 제철용은 유연탄과 무연탄을, 발전용은 아역청탄과 갈탄을, 그리고 연탄이라고 하는 가정용 연료 가공품은 저품위 석탄 또는 무연탄을 사용합니다. 사용 시 석탄의 휘발분이 많은 경우는 주로 화력발전용으로 사용되는 반면, 휘발분이 적은 석탄, 즉 유연탄과 일부 무연탄은 제철용 코크스를 제조하는 데 사용됩니다. 휘발분이 많은 석탄을 제철용 코크스 제조에 사용하면, 석탄 무게 대비 적은 양의 코크스가 생산되며 액체 타르의 양만 늘어나게 되어 최근에는 석탄화학 부산물의 수요가 증가할 때 선택하기도 합니다.

화석연료 혹은 그린 방식으로 추출된 수소연료

수소 차량의 상용화는 에너지 밀도가 높은 수소를 저장

하는 방법과 안전하게 취급하기 위한 방법을 고안해야 하므로 쉬운 일이 아닙니다. 압축되지 않은 수소는 1킬로그램당 1만 1,250리터를 차지합니다. 이것을 강철 고압탱크로 저장하면 1킬로그램당 50리터로 부피가 줄어들지만, 이 정도 양은 휘발유 3리터 이하의 에너지와 비슷한 수준입니다. 그러나 효율적인 경차가 50킬로미터 정도를 액화해야 하며 동시에 섭씨 영하 241도 이하로 유지해야 합니다. 작은 차에 이런 걸 장착하는 건 어마어마한 공학적 도전입니다.

수소를 표면적이 큰 특수 고체에 흡착하거나 수소저장 합금metal hydrate에 흡착하는 게 가장 가능성 있는 선택지로 보입니다. 이처럼 수소를 안전하게 유통하는 것은 만만치 않은 도전적 과제입니다. 수소는 부력이 높아서 빨리 확산되고 독성이 없는 반면, 점화 에너지는 휘발유의 10분의 1에 지나지 않고 낮은 가연 한계와 넓은 가연 범위를 갖는 특성이 있습니다. 이 때문에 현재 자리 잡은 휘발유 주유소보다 수소 충전소가 훨씬 더 위험할 수 있으므로 엄격한 주의가 필요합니다.

12. 화석연료 활용 기술의 고도화

인류가 석탄을 사용한 역사를 다시 살펴보면, 먼저 나무를
직접 연소시키던 방식을 석탄이 대체했고, 그 이후 스팀 생
산방식을 적용하기 위해 이 석탄을 중간 매개체로 이용해
왔습니다. 그리고 이어 전기 생산을 위한 간접 방식으로 석
탄이 활용되었습니다. 이와 동일한 방식으로 석유와 천연
가스 같은 화석연료도 동력과 전력을 생산하고 있습니다.
석유 및 천연가스를 이용하면 석탄을 이용한 방식보다 고
품질의 화학제품을 생산할 수 있기 때문이지요. 최근에 관
심이 집중되고 있는 수소도 역시 석탄과 석유를 이용하면

가장 손쉽게 획득할 수 있습니다. 즉, 석탄, 석유, 천연가스로 대표되는 화석연료가 수소를 에너지로 활용할 미래 사회의 징검다리로 이용되고 있는 것이지요.

1790년대에 스코틀랜드에서는 석탄을 가열하면 노란 불꽃을 내는 기체가 나온다는 사실을 발견하고, 이를 이용해 가스등을 발명했습니다. 가스등을 켜기 위해선 가스 제조업자가 석탄에서 가스를 생산해 파이프라인으로 수요처에 공급해야 했습니다. 처음에는 폭발 가능성에 대한 우려가 컸지만, 서서히 도시에도 가스가 가정용으로 보급되기 시작했지요. 가스등은 밤에 마음 놓고 불을 밝힐 수 있게 했고, 사람들의 취침 시간이 늦어진 덕에 책, 잡지 신문, 악보 등의 수요도 많이 늘어났습니다. 1976년, 미국의 필라델피아는 이 첨단 제품을 바로 수입했고, 볼티모어도 가로등을 가스등으로 교체했습니다. 하지만 가스등에도 결정적 약점이 있었습니다. 파이프라인으로 연료를 공급했기 때문에 대도시에서만 사용할 수 있었고, 가스가 타면서 악취와 소음을 발생시켰으며, 폭발 가능성도 있었습니다.

이런 단점을 보완해 준 것이 고래기름이었습니다. 고래기름을 사용한 등은 냄새와 연기도 없었고 광도가 높았습니다. 고래잡이는 유럽인들이 북아메리카에 도착하기 이전에 인디언 원주민들에 의해 이루어져 왔습니다. 초기에 포경 대상은 수염고래였기 때문에 대부분 수염고래 기름을 활용했습니다. 이후 한 포경선이 향유고래를 포획했는데 향유고래의 머리에서 상당한 양의 향유가 나왔습니다. 향유고래의 기름은 양초를 만들기에 적합한 밀랍성 물질이었습니다. 게다가 고래기름은 윤활유로도 쓰였습니다. 산업화 초기의 미국은 여러 공장을 돌리기 위해 윤활유 사용량이 급증하고 있었습니다.

이후로 향유고래 포경 산업은 크게 확대되었습니다. 대개 원양어선을 이용해야 했으므로 관련 조선 산업과 낚시 도구 등의 발달로도 이어졌습니다. 동시에 원거리 운항에 사용되는 증기선에는 석탄이 더 많이 필요하게 되어, 원양어선이 경유하는 항구에는 석탄을 공급할 수 있는 시설이 동시에 구축되었습니다.

이렇게 고래를 포획하기 위해 더 많은 석탄이 필요했습니다. 따라서 고래의 개체 수 감소 등을 인식한 인류는 고래기름을 대체하는 연료의 개발에 나섰습니다. 우연히도 석탄에서 추출한 등유가 그 대안으로 떠올랐습니다.

1850년대에서야 광물성 기름, 그중에서도 특히 석유가 개발되어 여러 산업에 혁명을 일으켰습니다. 그때에서야 사람들은 고래기름을 찾아 나서기 위해 사용하던 연료, 석탄이 바로 고래기름의 대체재 그 자체가 될 수 있다는 역설을 알게 된 것입니다. 즉, 고래를 멸종위기에서 구한 것도 아이러니하게도 석유와 석탄입니다.

이를 처음 발견한 사람은 바로 조지 비셀George Bissell입니다. 그는 1853년 우연한 기회에 펜실베이니아에서 뽑아올린 석유 표본을 보게 되었습니다. 당시 석유는 지표면에서 극소량만 채취되었고, 따라서 의약품 정도로만 사용되어 왔습니다. 비셀은 석유가 연소하면서 빛을 낸다는 사실을 알게 되었습니다. 그는 석유 기름으로 등잔을 켜면 비싼 고래기름을 쓰지 않을 수 있고, 석유를 양산하면 고래기름과 석탄류를 대체할 수 있으리라 생각했습니다. 이후 비셀은 자금을 조달하고 석유를 탐사, 시추하여 1859년 지하 21미터 지점에서 석유를 발견했습니다. 이때를 기점으로 미국은 산유국으로 전환되었고 동시에 불빛의 연료는 고래기름에서 석유로 대체되었습니다. 이후 각국은 고래 자원 보호를 위해 포경 제한에 관한 국제협약을 체결했습니다.

고래기름을 대체할 수 있는 자원이 확보되었기에 가능한 결정이었습니다.

암모니아합성

하버-보슈법은 20세기 초에 개발된 암모니아 제조 방법으로, 석탄가스(현재는 천연가스) 등에서 수소를 제조하고 섭씨 400~600도의 높은 온도, 100~300기압의 높은 압력에서 공기 중의 질소와 반응시키는 것입니다. 특히 높은 압력은 '르샤틀리에 법칙'에 따른 것으로, 압력이 증가하면 반응은 압력을 최소화하는 방향으로 일어나는 것을 뜻합니다. 즉, 암모니아를 합성했을 때 질소와 수소를 압축해 이들의 부피를 줄여야 더 많은 암모니아를 생성할 수 있는 것이지요. 고온을 유지하는 것은 질소의 원자 결합을 끊기 위한 조건입니다.

세계 암모니아 생산량은 연간 약 1억 8,000만 톤에 이릅니다. 암모니아는 화학제품을 만들기 위한 기본 재료인 에틸렌 등과 대등할 정도로 수요가 많은 화학물질이며, 2021년에는 요소수 대란으로 암모니아의 중요성이 다시 한번 강조되었습니다. 이 외에도 암모니아는 합성섬유와 화학비료 등의 원료로 널리 사용되고 있습니다. 특히, 암모니아를 합성해서 인공비료로 사용한 후부터 인류는 식량문제에 어려움을 겪지 않게 되었습니다.

최근에는 청정에너지원인 수소를 대량으로 이송할 수 있는 에너지 캐리어로서 암모니아 관련 기술이 다시 주목을 받고 있습니다. 암모니아를 이용하면 재생에너지로 제조된 나머지의 수소를 비교적 낮은 온도로 원격지까지 안정적으로 이송할 수 있으며, 오랜 세월 동안 산업적으로 활용되었기에 기반 시설을 활용할 수 있다는 장점이 있습니다. 20세기 초 인류를 식량 부족의 위기에서 구한 이 물질은 전쟁 무기의 원료로 활용되던 시기를 거쳐 에너지 전환의 한 축으로 다시 등장할 것을 예고하고 있습니다.

유기화학 제품의 발전

석탄을 원료로 한 화학 기술의 진보는 이후 19세기부터 20세기까지 눈부신 발전을 거듭하여 화학공업, 특히 유기

합성화학의 체계를 이루었습니다. 앞서 설명한 대로, 석탄을 이용한 코크스 제조에 힘입어 근대 제철업이 발달했고, 동시에 코크스 수요가 증가함에 따라 석탄건류 사업이 번창했습니다. 이 산업에서 생성되는 부산물인 석탄가스, 가스경유, 콜타르 등은 초기에 산업폐기물로서 처분하기 어려웠으나, 화학 기술이 진보한 결과 그 유효 성분을 분리·정제·이용할 수 있게 되었고 염료, 의약 등을 생산하는 방향족계 유기합성화학이 크게 발전했습니다.

암모니아를 만드는 데 필요한 수소는 물을 전기분해 하거나 석탄을 고온으로 가열해 분해하여 얻을 수 있습니다. 초기에는 가열된 석탄 위에 수증기를 통과시키면 합성가스syngas라고 부르는 수소와 일산화탄소의 혼합 기체를 얻을 수 있습니다. 이는 19세기부터 알려진 방법으로, 화학반응식은 다음과 같습니다.

$$C(석탄) + H_2O(수증기) = CO(기체) + H_2(기체)$$

초기에는 석탄을 부분 산화법에 따라 완전 가스화해서 일산화탄소와 수소로 이루어진 합성가스를 얻을 수 있으며, 이들에서 메탄올이나 암모니아를 합성할 수 있는 것도 알게 되었습니다. 이 외에 석탄에서 카바이드를 만들고 이를 통해 아세틸렌이 생성되며 이는 에틸렌과 함께 지방족 계열 유기합성화학의 중요한 기초 원료가 되는 사실도 발견했습니다. 이후 석유가 등장함으로써 석탄을 활용했던 화학산업의 원료는 상당 부분 석유로 대체되며 진보를 이루었습니다. 이는 석유는 탄화수소의 함유량이 많고, 액체 상태이므로 훨씬 공정 적용이 쉬우며, 경제적이었기 때문이었습니다. 하지만 대부분 이를 받아들이게 된 최초의 원리는 석탄화학 산업을 통해 얻은 것임을 기억해야 할 것입니다. 이렇게 화학 기술이 계속 개발되어 석탄화학 산업은 제2차 세계대전 전후에 한동안 유럽 등 선진국의 주력 기술이 되었습니다.

석탄, 석유, 천연가스는 각각 시기별로 인류 사회의 에너지원으로 활용되었습니다. 주로 열원을 확보하기 위한 용도였으나 취급과 수송, 제어 및 효율 측면에서 그 선호도가 변경되어 왔습니다. 석탄은 전 세계적으로 고르게 분포되어 있고 비교적 채굴이 쉽지만, 석유와 천연가스는 자원이 편재되어 있고 생산과 공급이 상대적으로 어렵습니다.

화석연료인 석탄과 석유의 주도권 전환은 제2차 세계대전 후 중동 지역에서 석유가 싼값으로 공급됨으로써 이루어졌지요. 하지만 주도권이 전환된 가장 큰 이유는 앞서 말했듯 운송 및 활용 측면에서의 에너지 유체화 혁명에 따른 것이었습니다.

하지만 제철용 코크스처럼 석유나 천연가스로 대체할 수 없는 영역에서는 여전히, 또는 중국 등 신흥 철강 생산 설비의 급증에 따라 지속해서 석탄 활용량이 늘어났습니다. 비록 석유 자원의 유한성과 산유국에 의한 카르텔적 결속이 강화되어 석유 가격이 급격히 상승한 시기에는 부분적으로 석탄이 경쟁 체계를 갖추기도 했으나, 전 세계적으로 기후 및 환경에 대응하는 체제 아래에서 더 이상 석유에 대한 선호도를 석탄이 넘어서긴 어려울 것 같습니다. 상대적으로 석탄화력발전 등은 중유 및 가스 발전 사용 방식 등으로 계속해서 대체되어 왔고, 최근에는 원자력 및 재생에너지 개발 확대에 따라 석탄의 사용 비율이 더 줄어들고 있습니다.

최근 화석연료는 열원, 동력 등의 1차 에너지원에서 모빌리티, 연료전지 및 화학제품 등의 2차 에너지원으로도 이용되는 추세를 보입니다. 이 경향은 탈탄소가 큰 화두인 현재와 미래에도 여전히 석탄, 석유, 천연가스가 필요한 것임을 뜻합니다. 우리는 그 균형점을 온실가스 배출을 최소화하는 관점에서 찾아나가야 할 것입니다.

13. 금속 내부 석탄을 활용한 철강 기술 개발

가성비가 높은
철강 재료의 특성

철강 재료의 특성을 요약해 보자면 다음과 같습니다. 인장강도, 경도, 소성 가공성, 내식성, 용접성, 자성, 전도성, 광택성입니다.

먼저, 인장강도란 철이 길게 늘어나다가 끊어지기 직전까지 받을 수 있는 최대 압력을 의미하는데, 철강이 무거운 구조물로 사용되었을 때 안전하게 버틸 수 있는 능력을 의미하기도 합니다. 둘째로, 경도는 외부에서 국부적으로 압력이 가해진 경우에 저항하는 능력으로 일반적으로 '딱딱하다'는 표현에 대응하는 특성입니다. 한편, 소성 가공성은 실제로 철강재를 이용하여 복잡한 형상으로 가공할 때 길이나 단면적이 늘어나는 특성으로, 얇지만 다양한 제품화를 가능하게 하는 특성입니다. 이 특징들을 갖추어야만 잘 변형되어 복잡한 형상으로 가공하면서 동시에 외부의 충격과 하중에 충분히 견더낼 수 있는 강도를 확보해야 한다는 요구를 만족시킬 수 있습니다.

철은 자연 상태에서는 산화물^{Fe_2O_3} 형태로 존재하는 것이 안정적이므로, 정련된 철은 지속해서 산화하는 특성을 보입니다. 이 때문에 자연 순환이 가능하다는 장점도 있지만, 구조물의 부식을 방지하기 위해 특정한 성분을 첨가하면 내식성을 현저히 높일 수 있습니다. 이것이 바로 스테인리스강입니다. 탄소강의 경우는 노출되는 표면에 도금하거나 페인트를 입히는 방법으로 부식을 쉽게 방지할 수 있기도 합니다.

또 다른 강력한 특성은 용접성입니다. 형상이 복잡한 구조물이나 대형 구조물을 만드는 경우 여러 개의 강판을 이어주어야 합니다. 단순히 연결만 하는 것에 그치지 않고 접

합면이 앞에서 언급한 특성을 대부분 유지하는 것을 전제로 해야 합니다. 자성도 철이 갖는 고유한 특성 중의 하나입니다. 이는 외부 자장에 의해 반응하여 자기적 특성이 나타나는 것으로 현대 정보통신 사회에서 필수적이며, 이로써 용도가 다양해지고 있고 동시에 높은 부가가치가 얻을 수 있습니다. 마지막으로 전도성은 일상생활에 필요한 취사 도구나 전력선에 사용되며, 광택성은 철의 표면이 은색으로 빛나 장식용으로도 활용되도록 합니다. 이처럼 철은 인간이 활용하기에 다재다능한 특성을 가진 재료입니다.

14. 석탄 대신 수소로 제철하는 기술의 개발

전 세계적으로 친환경 제철이 강조되고 정부가 2050년 탄소중립 추진을 선언하면서, 사회적으로 철강을 제조할 때 사용되던 석탄을 버리고 '깨끗한' 수소 등을 환원제로 사용할 것을 제안하고 있습니다. 하지만 그 전에 수소환원제철로의 전환이 근본적으로 무엇을 뜻하는지 이해할 필요가 있습니다. 먼저 기술을 정확하게 이해해야만 수소의 대체 가능성을 정확하게 판단할 수 있기 때문입니다.

우선 수소환원제철의 개념을 이해하려면, '환원'이라는 과학적 개념을 이해해야 합니다. '환원'의 반대말은 '산화'

입니다. 철광석은 철Fe이 산화되어 있는Fe_2O_3, Fe_3O_4 상태입니다. 따라서 철을 얻기 위해서는 '환원'이 필요합니다.

다른 관점으로 말하면, 산화는 물질에서 에너지를 '뽑아내는 과정'이고, 환원은 물질에 에너지를 '저장하는 과정'입니다.

생물학적으로 비유하자면, 산화는 생명체가 에너지를 잃어버리면서 '죽어가는 과정'이고, 환원은 생명체가 에너지를 얻어서 '살아나는 과정'입니다. 살아 있는 사람을 포함한 생명체는 '환원' 반응을 하지만, 죽어 있는 생명체는 '환원' 반응을 할 수 없습니다. 사람이 상처가 나거나 살리기 위해서 개복수술을 하게 되면, 몸에 있는 수많은 분자가 '산화'되어 죽어가기 시작합니다. 그리고 사람의 상처가 아물고, 수술 후 환자의 몸을 봉합하면, 우리 몸이 에너지를 사용해 '환원' 가능한 환경으로 돌려놓습니다. 에너지는 우리가 흔히 이해할 수 있는 '열'과 '운동력'의 측면들뿐만 아니라, 물질에 생명을 넣어주는 '환원'으로도 이해할 수 있습니다.

수소환원제철을 다시 표현하자면 수소로 '죽어 있고 쓸모없는' 철광석을 '살아 있는' 철강으로 바꾸는 환원 과정인 셈입니다. 이처럼 환원에 대한 정확한 개념을 바탕으로, 기술적으로 수소환원제철을 현재 범용 기술인 고로법과 비교해 보겠습니다.

현대 제철의 주된 방법인 고로법은 용광로를 사용합니다. 노의 아래에서 공기를 불어 넣으면서 노의 꼭대기에서 철광석, 연료, 용제(석회석)를 넣으면 이들이 아래로 내려가면서 철광석이 환원되고 녹은 철이 내려와 빼낼 수 있게 됩니다. 이때 얻어지는 철은 선철입니다. 이 방법은 중국에서는 5세기에, 그리고 유럽에서는 중세 시대 중반부터 시작되었으며, 15세기경에는 벨기에와 영국으로 전파되었습니다. 이 방법에서 사용한 첫 연료는 목탄이었으나, 목탄이 부족해지면서 석탄을 사용하게 되었고, 다시 석탄의 유황 성분을 제거하기 위해 석탄을 가열하여 얻은 코크스를 사용했습니다. 1700년대 초에는 코크스를 사용하는 것이 보편적이었고 1800년대 초반에는 용광로를 예열시키는 방법이 등장해 효율이 크게 증대되었습니다.

일반적으로 죽어 있는 철광석(대표적으로 적철광인 Fe_2O_3)에 살아 있는 철 성분을 분리해 내기 위해서는 오히려 철광석에 결합하여 있는 산소분자를 더 친화력이 높은 물질로 떼어 가게 해야 합니다. 화학적으로는 산소와 친화력이 높은 물질이 그 후보가 될 수 있는데, 일반적으로 금속 알루미늄, 마그네슘을 포함하여 수소와 일산화탄소를 들 수 있습니다. 이 가운데 일산화탄소는 석탄 등과 같은 탄소 물질로 값싸게 얻을 수 있고 전 세계 어느 곳에서나 쉽게 발견할 수 있어서 제철 역사에서 전 세계 공통 사용 물질로 활용되었습니다. 재래식 석탄을 활용한 제철 기술은 석탄에서 발생하는 일산화탄소에 의존합니다.

그러나 최근 이산화탄소에 의한 기후변화를 방지하기 위해 일산화탄소 대신 수소를 사용하는 기술 개발에 대한 요구와 전환도 이루어지고 있는 것이지요. 수소환원제철도 그 일환 중 하나입니다. 하지만 수소환원제철의 내부 반응을 들여다보면 일산화탄소 환원반응이 갖는 높은 효율성을 수소가 대체하는 데는 부족함이 있음을 알 수 있습니다.

용광로 제철에 사용되는 코크스 등의 석탄류는 일차적으로 예열된 공기 중 산소와 반응하여 연소됩니다. 이때 발생한 연소 산물인 이산화탄소와 함께 대량의 열이 발생하고 이 열은 내부 화학반응 및 온도 상승, 용융 등에 활용됩니다. 한편 철광석 중 산소를 떼어내는 환원반응이 일어나고 이때 이산화탄소가 생성되는데, 섭씨 1,000도 이상의 영역에서는 이 이산화탄소가 주변의 탄소와 반응해서 2몰mol의 일산화탄소를 생성하는 부두아르 반응Boudouard's reaction이 발생합니다. 따라서 용광로 내부는 지속적으로 일산화탄소 환원 능력을 갖추게 됩니다.

아래의 주요 반응 과정으로 철광석의 석탄 환원을 설명할 수 있습니다. 석탄 속의 탄소 성분은 연소하여 아래의 반응에 참여하는 동시에 열을 공급합니다.

$$2C + O_2 = 2CO$$

또한, 불순물인 규소를 제거하게 될 석회석이 열분해되어 생석회를 만듭니다.

$$CaCO_3 - CaO + CO_2$$

다음으로 일산화탄소가 산화되며 철을 환원시킵니다.

$$3Fe_2O_3 + CO = 2Fe_3O_4 + CO_2$$

$$Fe_3O_4 + CO = 3FeO + CO_2$$
$$FeO + CO = Fe + CO_2$$

반응식의 형태로 보면 1몰의 일산화탄소가 반응하여 1몰의 이산화탄소를 생성하게 됩니다. 이산화탄소가 제철 과정 중에 집중적으로 발생하는 이유지요.

특히, 섭씨 1,000도가 넘는 고온에서는 '$C + CO_2 = 2CO$'라는 부두아르 반응이 적용되는 것이 석탄을 이용한 제철 과정 중 가장 큰 특징입니다. 즉, 철광석 반응 후 발생하는 이산화탄소는 고온에서는 즉시 환원반응 촉진 가스인 일산화탄소로 재생산되는 것이지요. 1몰의 이산화탄소가 2몰의 일산화탄소가 되는 것은 일반적인 화학반응에서 찾기 드문 현상으로, 이 현상이 용광로의 생산성을 높이는 데 이바지하고 있음을 알 수 있습니다. 또한, 일산화탄소에 의한 철광석의 환원반응 대부분은 흡열반응 일색인 데 비해 중간 반응 중에는 발열반응이 포함되어 전체적인 에너지 소모가 적고, 동시에 일정 영역에서 온도 보상의 효과가 있습니다. 최근까지 석탄 사용 용광로 조업 방식의 에너지 효율을 따라갈 공정을 찾기 힘든 이유였지요.

반대로 수소환원제철 공정에서 전적으로 수소로만 환원을 진행할 경우, 철광석의 환원반응 그 자체는 우수하지만, 용광로에 열을 공급하는 면에서는 비효율적일 수밖에 없습니다. 또한, 수소가 산소가 만나면 물이 나오게 됩니다. 앞서, 제철 공정에서 목탄에서 석탄으로 변경하게 된 이유도 목탄의 수증기가 제철 공정에서의 열을 빼앗아 가 공정의 효율성을 떨어뜨린다고 언급한 바 있습니다. 마찬가지로 수소가 산소를 만나 수증기가 되어서 용광로의 효율성을 떨어뜨리는 현상을 해결하는 것이 현재 당면한 기술적 난제입니다.

석탄을 사용할 때는 석탄으로부터 유래하는 열량과 동시에 발생하는 일산화탄소가스가 환원제로 커플링되어 사용됩니다. 하지만 수소환원제철의 경우는 환원에 필요한 그린 수소green hydrogen의 공급과 함께 반응에 필요한 추가적인 열원이 외부로부터 지원되어야 하며, 고체 상태에서 용융철로 변화하기 위한 용융열 또한 그린 전력으로 공급될 필요가 있습니다.

기술적인 표현으로 정리하자면, 재래식이었던 석탄 제철 산업은 석탄에 의한 외부 에너지 자립형energy independent

산업이었지만, 수소환원제철은 수소와 추가적인 열에너지가 따로 공급되어야 하는 적극적인 외부 에너지 의존형external energy dependent 산업입니다. 추가적인 열에너지를 수소가 아니라, 석유, 석탄, 원자력, 태양력, 풍력 등으로 공급해 줘야 한다는 것이 수소환원제철의 기술적 전제입니다.

수소환원제철의 경제적 난제는 생각해 봐야 합니다. 수소환원제철을 추진하는 유럽의 경우, 100년 가까이 된 노후화된 제철 설비의 교체 시기가 도래하여 새로운 공정을 도입해도 손실이 적습니다. 하지만 국내 제철 설비는 유럽과 비교하면 상대적으로 최신 설비인 탓에 가동을 멈추면 좌초자산이 예상됩니다.

한편, 그린 수소의 공급이 경제적이어야 한다는 전제도 필요합니다. 대한민국은 지리적으로 그린 전력을 생산하기에는 상대적으로 열악한 상황에 처해 있습니다. 물론 파이넥스 공법처럼 혁신적인 유동환원제철 공정을 개발한 경험과 전문성을 보유하고 있어서 상대적으로 기술적 우위를 갖고 있지만, 경제적 수소 공급이라는 근본적 문제에 대해서도 고민하지 않을 수 없습니다. 앞서 언급한 이산화탄소 포집 및 저장 기술은 수소 환원 전환 과정 중에 기대할 수 있는 선택지이지만, 석탄을 활용하는 기술을 완전히 포기하기는 어려우리라 예상합니다. 결국, 그린 수소 공급에 관한 이슈는 철강 산업뿐 아니라 기존의 화석 원료를 사용하는 다양한 산업에서 고민해야 하는 공통적인 사항인 것이지요.

마지막으로 수소환원제철에 대한 소재적 난제도 있습니다. 수천 년 동안 인류의 역사와 함께해 온 철강 소재 속에서 탄소의 역할이 매우 중요하다는 점입니다. 현대의 재료 규격은 모두 '탄소강'으로 규정되어 있고, 과학적으로 탄소는 어느 정도 함유될 수밖에 없기 때문이지요.

부수적으로, 지금까지 연성과 강성이 모두 우수한 탄소강을 수소환원제철을 통해서 동일한 탄소강 규격으로 제조해야 한다는 점도 추가로 고려해야 할 사항입니다.

그럼에도 우리나라가 수소환원제철 기술 개발을 주도하고 서두르는 배경은 결국 미래에는 석탄 기반의 제철 산업 비율이 점차 감소하면서 수소환원제철이 이를 대체할 공정으로 자리 잡을 것이기 때문입니다. 단지 그린 수소의 경제적인 공급이 전제되지 않았다고 해서 기술 개발을 지체할 수 없고, 인류 공동의 노력으로 난제를 현실적으로 해결해야 되기 때문입니다.

석탄에서 수소를 이용하려는 철강 산업의 대전환은 생산자의 생산성과 효율 추구 관점이 아닌, 전체 이해관계자의 종합적 효과를 추구하기 위함입니다. 수소환원제철이라는 어려운 방식을 굳이 선택하는 이유는 우리 모두의 환경을 보존하려는 관점에서 출발하는 최초의 거대 기술이기 때문이라는 사실을 강조하고 싶습니다.

3부

대자연이 날린
기후변화라는 펀치

15. 석탄의 어제와 오늘

'지속가능성sustainability'이라는 단어의 초기 개념은 이미 18세기 초반, 즉 산업혁명 이전부터 독일에서 제안되었습니다. 광산업 공무원이자 부친이 숲 전문가였던 한스 카를 폰 카를로비츠Hans Carl von Carlowitz는 자신의 산림학 저서에서 "지속가능한 수확을 보장하는 임업"을 시행해야 한다고 주장하며 '지속가능한'이라는 단어를 처음으로 사용했습니다. 인류 문명의 발전과 성장은 항상 자연의 파괴와 자원의 착취를 동반해 왔습니다. 그의 고향도 마찬가지였습니다.

작센 왕국은 에르츠산맥에서 나오는 은 산지로 특히 유

명했습니다. 그러나 은광에는 엄청난 양의 목재가 사용되었지요. 목재가 날로 부족해진다고 생각했던 그는 이후 은광 책임자가 되어 평생 은광 산업에 종사하게 되는데 은 채굴보다는 산의 생태계에 더 많은 주의를 기울였습니다. 이후 50년이라는 재직 기간 동안 연구한 결과를 정리하여 그는 '수목이 자라는 속도 이상으로 벌목해서는 안 된다'는 원칙을 발표했습니다. 이른바 지속가능성의 개념이 탄생한 것입니다.[10, 11]

대부분 지나친 산림 파괴와 남벌은 광산업, 특히 금속 산업의 부흥과 관련이 많습니다. 대표적인 것이 앞서 지적한 대로 제련을 위해 많은 양의 목재가 필요했던 철강 산업입니다. 물론 은광과 알루미늄 제련에도 철강을 능가하는 양의 목재가 투입되었지만 가장 목재를 많이 사용했던 철강 산업이 산림 파괴의 절대적인 주범으로 지목되었습니다. 최근 많이 회자되는 '지속가능성'이라는 개념이 광산업과 연관된 산림 보전에서 출발했다는 점은 참 아이러니합니다.

많은 사람이 석탄을 환경오염 물질이라고 착각하곤 합니다. 하지만 앞 장에서 언급한 것처럼, 석탄은 오래전 지구상에 살았던 생명체들의 유기물이 땅속에서 환원된 물질로, 자연스럽게 만들어진 '천연물natural product' 중 하나입니다. 또한, 지구상에 살았던 생명체들이 미래에 사는 지구상의 생명체를 위해서 남겨둔 에너지 유산입니다. 그리고 중세 사회에서 근대 사회로 넘어갈 때, 인구의 증가로 필연적으로 산림이 파괴될 수밖에 없던 상황을 막아준 자원 중 하나입니다.

값이 싼 석탄은 가난한 사람들도 손쉽게 쓸 수 있는 에너지자원이었습니다. 그러나 현대에 가장 대중적으로 사용이 되고 있어서, '환경오염 물질'로 오해받고 있습니다. 다소 과격한 의견일 수 있으나, 인간이 경제활동과 여가 활동을 급격하게 자제한다면, 현재 이산화탄소 증가로 시작된 지구온난화와 기후변화를 상당히 늦출 수 있을 것입니다. 인간의 이기심, 탐욕, 게으름 때문에 발생한 '환경문제'에 석탄 탓을 해서는 안 되는 것이지요.

16. 온실효과의 개요

온실효과greenhouse effect는 단어 그대로 지구를 유리온
실greenhouse에 비유해서 온도 변화를 설명하는 것입니다. 유
리온실은 태양광과 열기는 받아들이지만 열기가 밖으로 나
가는 것을 막아주기 때문에, 내부 온도를 유지해 줍니다.
이와 유사하게 지구의 대기는 질소, 산소, 수증기, 이산화
탄소, 메탄, 수소, 오존 등의 기체로 덮여 있는데, 수증기,
이산화탄소, 메탄 등의 기체가 적외선(에너지)을 흡수하면
서 지구의 온도가 따뜻하게 유지되는 현상을 온실효과라고
합니다.

대부분의 대기 물질들은 태양광에서 오는 에너지를 흡수하고, 흡수한 에너지보다 적은 양을 방출합니다. 태양광은 다양한 파장을 갖는 빛의 혼합물이고, 빛을 흡수하는 특성은 각 대기 속의 기체마다 다르며 이는 그 기체의 고유한 특성입니다. 수증기 72퍼센트, 이산화탄소 9퍼센트, 메탄 4퍼센트, 오존 3퍼센트 정도로 온실효과를 가속한다고 알려졌지만, 수증기는 인류가 제어할 수도 없고 농도가 높아지면 빛을 반사해 에너지를 제어하는 효과를 주기 때문에, 많은 과학자는 온실효과와 이산화탄소의 관련성에 조금 더 초점을 맞추고 있습니다. 앞 장에서 언급한 바와 같이 석탄을 태우면 발생하는 이산화탄소라는 기체는 그 자체로는 에너지가 없는 물질이며, 적외선infrared light을 흡수하는 특성이 있습니다.

온실효과는 1820년에 프랑스 물리학자 조지프 푸리에Joseph Fourier에 의해 최초로 관련 이론이 제시되었고, 1896년에 스웨덴의 물리화학자인 스반테 아레니우스Svante Arrhenius에 의해서 최초로 증명되었습니다. 이후 그의 동료 구스타프 에크홀름Gustaf Ekholm에 의해 '온실효과'로 명명되었습니다.[12]

1896년에 발간된 아레니우스의 논문에서 그는 대기 중의 이산화탄소 농도를 컴퓨터의 도움을 전혀 받지 않고 정확하게 계산해 냈으며,[13] 석탄의 소비가 늘고 있으므로 앞으로 지구 온도가 증가할 것으로 예측했습니다. 아레니우스는 이 논문에서 "우리 후손들이 살아갈 지구 환경은 이산화탄소량이 증가하고 지구가 따뜻해지면서, 조금 더 쾌적하고 풍족할 것이다"라는 낙관론을 펼쳤습니다.

그는 석탄의 무분별한 소비에 의한 이산화탄소 증가는 인류에게 긍정적인 효과를 주리라고 생각했지만, 현실은 정반대로 흘러가고 있습니다. 해수면이 상승하고, 기후변화로 인해서 해조 숲이 사라지고 있으며, 수많은 생명체가 이유도 모른 채 멸종 위기에 직면하고 있습니다. 앞으로 예상되는 비극을 막기 위해서 인류는 이산화탄소의 배출을 적극적으로 줄여갈 필요가 있습니다.

17. 영국의 재앙적인 스모그

1952년 12월에 런던 시민들은 비정상적으로 추운 날씨로 평소보다 훨씬 더 많은 석탄을 태웠습니다. 제2차 세계대전 이후 발생한 경제적인 어려움 때문에 영국 시민들은 상대적으로 유황이 많이 함유된, 등급이 낮은 갈탄을 많이 사용했고, 연소한 석탄은 대기 속 이산화황의 양을 비정상적으로 증가시켰습니다. 또한, 런던 인근의 수많은 석탄화력발전소에서 발생한 오염 물질은 대기질을 더욱 악화시켰습니다.

브리태니커 자료에 따르면 재앙적인 스모그 기간 동안

매일 1,000톤의 연기 입자, 140톤의 염산, 14톤의 불소 화합물 및 370톤의 이산화황이 배출되었다고 합니다. 이 짙은 스모그 때문에, 운전할 수 없을 정도로 앞이 보이지 않았습니다. 연기는 건물 내부까지 침투하여 영화관에서는 스크린이 보이지 않아서 상영이 취소되었으며, 집 안에 있던 런던 시민들도 기관지에 손상을 입었습니다. 재앙적인 스모그가 발생한 날부터 일주일 동안 병원에는 기관지 관련 중증 환자들이 이송되었으며, 단기적으로 4,000명 이상의 사람이 죽었다고 보고되고 있습니다. 물론, 대부분의 사망자는 노인, 어린이, 기저 질환 환자였습니다. 1952년 12월 5일부터 약 일주일 동안 발생한 영국 런던의 스모그The Great Smog of London는 희생자가 약 1만 2,000명으로 추정되는 거대한 재앙이었습니다. 13세기부터 영국 런던의 대기 문제는 지속적으로 보고되고 있었지만, 이를 얕보았던 런던 시민들이 거대한 재앙을 맞았던 것입니다.

이렇듯 석탄의 무분별한 사용은 영국에 패권과 번영을 가져왔지만, 약 200년 후에는 무자비한 재앙으로 돌아왔습니다. 타지 않는 무기물의 입자나 이산화황, 염산 등의 독성 물질을 배출한 석탄이 역사적으로 거대한 재앙을 만들었듯이, 석탄에서 배출된 이산화탄소도 부메랑이 되어 큰 재앙으로 다가올 가능성이 있습니다.

18. 100년 뒤 중국의 미세먼지

중국은 송나라 시대부터 석탄을 적극적으로 활용했지만, 이를 활용한 산업화의 기회를 놓쳐버려서 산업혁명 시기부터 20세기 후반까지는 서양 열강에 뒤처져 있었습니다. 현재는 세계에서 두 번째 큰 경제 규모를 가진 나라가 되었지만, 석탄 활용으로 현재 중국은 온실가스와 수은을 연간 세계 최대로 배출하는 국가입니다. 중국에서 발생한 해로운 대기오염 물질은 중국 국민뿐만 아니라 물론 주변국의 보건까지 위협하고 있습니다. 의학 저널 《랜싯The Lancet》의 최근 연구에 따르면 2013년에서 2017년까지 중국에서 대기

오염에 노출되어 사망한 사람은 약 124만 명이고,[14] 2000년 이후 중국의 대기오염으로 사망한 사람의 수는 3,000만 명을 넘어섰습니다. 국제에너지기구International Energy Agency의 보고서에 따르면, 중국의 이산화탄소 배출량은 2005년에서 2019년 사이에 80퍼센트 이상 증가했다고 합니다.

중국의 대기오염과 이산화탄소 배출의 주된 원인은, 화력발전소, 제철소, 그리고 겨울 난방용 재료로 쓰이는 석탄입니다. 인류는 과거의 실수를 반복하지 않을 것처럼 현명한 척을 하지만, 단기적인 이익 때문에 지속해서 실수를 반복하는 어리석음을 보여주고 있습니다.

19. 대기 중 온실가스의 영향

데이비드 해스컬David Haskell은 그의 저서 『나무의 노래The Songs of Trees』에서 다음과 같이 기술했습니다.

한대림의 흙은 나무줄기, 가지, 지의류, 지상의 모든 생물을 합친 그것보다 3배나 많은 탄소를 함유하고 있다. 따라서 뿌리, 미생물, 썩어가는 유기물은 거대한 탄소 저장고다. 구체적인 집계 방법에 따라 다르지만, 한대림 토양은 세계 최대의 육지 탄소 창고로 울창한 열대림과 1, 2위를 다툰다. 전 세계적으로 토양은 대기보다 3배 많은 탄소를 함유하므로 기후의 미래는 쉿 쓱쓱 소리를 내는 발삼전나무 바늘잎의 운명에 달렸다. 이 바늘잎 낙엽에 갇힌 탄소가 흙에 묻히지 않고 하늘로 올라가면 지구온난화를 일으키는 이산화탄소 담요는 두텁고 후끈후끈한 이불로 바뀔 것이다. 한대림에 어마어마한 탄소가 매장되어 있는 한 가지 이유는 숲 자체가 어마어마하기 때문이다. 전 세계에 남아 있는 숲의 3분의 1이 한대림에서 자란다. 하지만 이러한 규모를 제쳐놓더라도 한대림은 압도적으로 풍부한 탄소를 자랑한다. 차가운 포화대(지하에서 물이 공극을 채우고 대기압보다 높은 압력하에 있는 지대)에서는 바늘잎 낙엽과 이끼의 분해가 느릿느릿 진행되며 죽은 물질이 금세 쌓인다. 이곳의 땅은 연중 대부분의 기간 동안 얼어 있어서 고형물을 이산화탄소 기체로 바꾸는 미생물의 활동이 억제된다. 짧고 보잘것없는 여름 더위가 돌아오면 미생물이 다시 느려지는데 이번에는 질척한 산성의 조건 때문이다. 발삼전나무 옆에 서면 무지갯빛 날개의 모기 수백 마리가 부드럽게 붕붕 날갯짓을 하며 구름처럼 나를 감싸는데 이것만 봐도 기후가 얼마나 습한지 알 수 있다.•

• 데이비드 조지 해스컬, 노승영 옮김, 『나무의 노래』, 에이도스, 2018.

온실가스는 산업혁명 이후 급증했고, 1970년대부터는 유럽의 성공적 비즈니스 모델을 도입한 신흥국과 중국에서도 급속히 많은 양의 화석연료를 사용하기 시작했습니다. 지구에 과거에는 경험한 적이 없는 양의 이산화탄소가 넘쳐난 것은 앞서 언급한 것처럼 산업혁명 이후입니다. 토지를 활용하는 방법이 변화한 것도 지구온난화의 원인 중 하나입니다. 삼림의 벌채나 농지 정비 사업으로 이산화탄소의 흡수나 배출 방식에 중대한 변화가 생겼기 때문이지요. 다행인 것은 육지와 바다의 식물, 해수가 용해하는 방식의 자연적 이산화탄소 흡수량은 여전히 증가하고 있다는 것입니다. 지구 자체로는 원래 이산화탄소를 흡수하는 자정 능력이 존재합니다. 대기 중의 이산화탄소가 늘어나면, 식물이나 해양이 흡수하는 양도 나름대로 늘어나는데, 대기 온도가 상승하면 삼림이나 해조, 식물 플랑크톤의 광합성 작용이 높아지기 때문입니다. 하지만 과다하게 배출된 가스로 인해 절반 정도는 흡수되지 않고 대기 중에 온실가스로 남는다는 것이 문제입니다.

앞서 금속의 제련을 위해 무분별하게 남용된 삼림 자원의 고갈을 염려하면서 이를 적절히 조절하려는 방법으로

'지속가능성'이라는 용어가 나타나게 되었다고 말한 바 있습니다. 다행히 목재는 석탄으로 대체되어 나무 자체는 보전되었으나 석탄의 과다 사용으로 이산화탄소 가스 농도가 급속히 증가했고, 이는 또 다른 환경문제의 원인이 되었습니다. 즉, 지구온난화로 대기 온도가 상승하면서 지층 아래의 유기물이 분해·방출되는 더 큰 재앙이 인류에게 다가오고 있습니다.

러시아와 캐나다의 영구동토 아래는 이산화탄소와 메탄가스가 많이 차 있습니다. 대표 지역인 시베리아에서는 수만 년에 걸쳐 식물이 불완전하게 분해되어 이산화탄소와 메탄가스들이 토양에 가득 갇혀 있었지요. 이렇게 저장된 온실가스 등이 배출되기 시작하면서, 지구온난화가 가속화되기 시작한 것입니다. 영구동토는 대기 탄소량의 거의 2배에 이르는 탄소를 포함하고 있는데 온난화가 진행될수록 동토는 해동됩니다. 이는, 현재 세계 각국의 온실가스 감축 노력을 넘어서는 탄소량을 보유하고 있으므로, 상승한 지구 기온을 산업화 이전 기온에 맞춰 섭씨 1.5도 이내로 낮추려는 파리협정 목표를 위태롭게 할 수도 있습니다.

수년 전 시베리아에서는 탄저균이 퍼졌고, 이로 인해

3부 대자연이 날린 기후변화라는 펀치

수많은 인명이 희생되었으며, 이때 2,000여 마리의 순록도 희생되었습니다. 이후, 급격한 기후변화로 75년 전 죽은 채 냉동되었던 순록의 사체가 녹아 탄저균의 감염원이 된 것으로 확인되었지요. 심지어 1918년, 전 세계적으로 유행해 수천만 명의 목숨을 앗아 간 스페인 독감의 흔적도 최근 알래스카에서 발견되었습니다. 이를 계기로 전문가들은 영구동토에서 휴면 상태에 있는 병원균이 되살아날 또 다른 가능성을 경고하고 있습니다. 지구온난화로 인해서 코로나19 같은 전염병이 전혀 다른 근원에서부터 발생할 위험이 커지고 있는 것입니다.

하지만 영구동토가 국토의 반을 넘게 차지하는 러시아는 막상 크게 걱정하지 않는 것 같습니다. 러시아 정부는 심지어 "2, 3도 정도 기온이 상승하는 것은 나쁘지 않다. 모피 코트를 살 필요도 없고 대신 곡물 생산이 늘어날 것"이라며 낙관론을 펼치고 있지요. 실제로 러시아 국가통계국에 따르면 2020년 곡물 생산량은 전년보다 9.7퍼센트 증가하여 2017년에 이어 두 번째로 최고치를 기록했고 경작지 면적도 확대되는 추세라고 합니다. 러시아는 세계에서 유일하게 4척의 핵 추진 쇄빙 선단을 보유하고 있는데, 추가로 3척을 건조하고 있기도 합니다. 이러한 노력은 온도 상승추세에 따라 어쩌면 필요성이 감소하는 손실도 예상되지만, 좀 더 작은 동력으로 얇아진 얼음층을 깨고 항로를 확장할 수 있는 장점도 기대하고 있습니다.

한편 극동 시베리아의 사하공화국에서는 섭씨 영하 50도의 눈 덮인 땅에서 흰 연기가 피어오르는 모습이 관찰되기도 합니다. 이 연기의 정체는 눈 아래 땅속에 있는 이탄 화재 때문이라고 알려졌습니다. 러시아는 2020년 14만 제곱킬로미터 정도의, 한 나라에 상당하는 토지가 화재로 소실되었는데 이 지역 대부분은 영구동토 지대였습니다. 겨울에는 눈으로 덮여 있어서 알 수 없지만 땅속에서는 이탄이 지속해서 연소하여 여름이 되면 지상에서도 발화하는 모습이 관찰됩니다. 온난화가 초래한 또 다른 사례인 이탄 화재는 대량의 이산화탄소를 배출합니다. 《네이처Nature》에 따르면, 1년 중 최대 2억 4,400만 톤 상당의 이산화탄소가 러시아를 중심으로 한 북극권 부근에서 화재로 방출되었으며 이런 현상은 지속해서 증가하고 있다고 합니다. 이로 인해 2050년까지 석유, 가스, 철도 등 영구동토 지대에 있는 인프라의 5분의 1이 영향을 받을 수 있다고 전망하기도 합니다.

　지구온난화라는 거시적인 환경변화 외에 북극의 기온이 상승함으로써 얼음 속에 감춰져 있던 다양한 매장 자원이 노출되어 경쟁적 개발을 위한 강대국 간의 안보 전쟁으로 발전하는 것도 우려할 사항입니다. 현재 미국, 러시아, 캐나다 등 동토를 가진 북극해 연안국을 중심으로 여러 대형 석유 자원의 매장지가 개발되어 생산 단계에 진입한 상태입니다. 석유 자원 이외에도 상당량의 구리, 철광석, 금, 니켈 등 고부가가치 광물자원이 풍부합니다. 중국도 희토류 광산 개발을 위해 자국의 영토를 개발할 뿐만 아니라, 북극의 남부에 있는 광상 개발까지 추진하고 있습니다. 그린란드의 희토류 매장량이 세계 최대라고 알려지자, 이미 희토류 금속에 있어 최대 생산국인 중국은 자신들의 개발 공정을 적용하기 위해 이곳까지 진출하려는 계획을 세우고 있습니다.

　또한, 영구동토의 해빙은 해상 운송로의 새로운 가능성을 열게 합니다. 시베리아 북극의 액화 천연가스를 실은 LNG 선박이 얼음으로 뒤덮인 북극 바다를 항해하고 중국 장쑤성까지 왕복으로 항해하게 되었습니다. 러시아에서 유럽으로 향하는 항로는 1년 내내 항해할 수 있지만, 아시아로 향하는 시기는 얼음이 얇은 7월부터 11월까지만 가능했습니다. 하지만 이제는 연중 어느 때나 항해가 가능해지고 있습니다. 이로 인해 아시아와 러시아 간 수송 시간이 40퍼센트 이상 크게 단축되며, 이후에는 유럽까지의 수송도 가능하게 되어 러시아가 일약 세계적 규모의 물류 허브가 될 수도 있습니다. 또한, 북극 광구에서 새롭게 발견되고 생산된 자원의 수송이 가능해지면서 이해관계에 있는 국가들의 관심이 높아지고 있습니다. 선주들은 선박의 운항 거리가 단축되어 운송료를 크게 절감할 수 있고 화주는 상품 물류 비용을 줄일 수 있어, 새로운 북극해 항로가 원거리를 항해해야 하는 기존 항로를 대체할 가능성이 높습니다.

영구동토의 해빙과 그에 따른 생태계의 변화가 주는 간접적이고 단기적인 이득만을 고려할 수 없는 이유도 있습니다. 마땅히 녹지 혹은 삼림으로 보존되어야 할 지역이 난개발되고 있기 때문입니다. 계속되는 개발로 더 많은 녹지가 훼손되고, 각종 인공 조형물을 위해 콘크리트와 철근 등을 생산하면서 다시 엄청난 양의 화석연료를 활용하는 악순환이 이어지고 있습니다. 과다한 온실가스의 배출뿐 아니라 자연적으로 대기 중 이산화탄소를 흡수하여 땅속에 고정할 수 있는 녹지의 부족은 자연 순환 시스템의 오작동 원인으로 이어지고 있습니다.

인류가 배출하는 온실가스의 양은 지구가 흡수할 수 있는 양을 훨씬 넘어섰고, 대기 중에 축적되는 온실가스의 양은 50년간 2배 이상으로 늘었습니다. 그 대부분은 이산화탄소이지만 메탄, 질소산화물NOx, 프레온가스 등의 영향도 상당히 높아 이 역시 기온 상승의 주원인이라는 점을 기억해야 합니다.

문제는 대기 중에 남아 있는 온실가스의 양이 계속 증가하고 있다는 것입니다. 국가별 배출량을 보면 중국과 미국을 합친 온실가스 양이 전 세계의 40퍼센트 이상을 차지하고, 1인당 배출량은 미국이 가장 많습니다. 그래서 온실가스 감소를 위한 국제사회의 협상은 미국과 중국이 중심이 되고 있고 유럽연합과 신흥국들도 각각 참여하고 있습니다. 또, 온실가스 배출량을 영토 내에서 한정하는 방식이 아니어서 배출량을 판단하기가 더 복잡해지고 있습니다. 여러 국가에 기반을 둔 다국적기업들은 제조 공장을 다양한 지역으로 외주화하고 있기 때문입니다. 국가의 단기적인 이익들에 집착하지 않고, 지구촌 인류의 삶을 걱정하는 대승적인 결단이 각 국가 지도자들에게 필요한 시점입니다.

그러면 탄소중립 2050을 달성하기 위해서, 지금부터 30년 동안 인류는 이산화탄소를 얼마나 줄일 수 있을까요? 온실가스의 배출 자체를 줄이기 위해서는 경제성장과 탈탄소, 모두를 양립할 청정 기술이 필요합니다. 따라서 산업적으로 과다한 온실가스 배출 방식을 지양하는 것과 동시에 생활양식의 변화를 고려하지 않는다면 인위적으로 배출되는 이산화탄소를, 자연스럽게 흡수하는 방법으로는 전혀 상쇄할 수 없을 것입니다.

산업적으로는 최대 이산화탄소의 배출 원인인 화석연료를 태양광이나 풍력 등의 재생에너지로 대체하는 것이 큰 효과를 발휘합니다. 공장 등 산업, 운수 및 이동수단의 동력도 화석연료에서 전력으로 바꾸고, 건축물의 에너지 절약도 필요합니다. 전기화 비율이 증가하는 경향에 따라 전력 수요도 많이 늘어나므로 지금보다 더 철저히 에너지를 절약하여 사회 전체의 에너지 효율을 높이려는 대처가 중요합니다. 또한, 청정 사회로 전환하기 위해서는 사회의 인프라를 새롭게 만들어 나가는 시도를 서두를 필요가 있습니다.

역사적으로 혁신은 또 다른 혁신을 일으켜 사회를 크게 바꿔왔습니다. 증기기관의 발명은 인류에게 기계 동력을 제공하여 산업화 사회의 문을 열어줬으며, 내연기관의 탄생은 자동차와 비행기를 통해 인류의 행동 범위를 넓혀 커뮤니케이션 혁명으로 일으켰고 이는 디지털 사회를 여는 단초가 되었습니다.

지구온난화에 따른 문제는 단지 기후변화에만 해당하는 것이 아닙니다. 온난화는 우리의 일상에 직간접적으로 영향을 미치는 재앙입니다. 이를 해결하기 위해서 국가와 기업, 개인은 지금까지 영유한 가치관을 바꿔나가야 할 것입니다. 인류 역사의 큰 전환점이 될 지구온난화를 재앙이 아니라 변화로 만들기 위해서는 새로운 혁신 기술 개발에 더하여 개개인의 의지와 행동의 변화도 함께 필요할 것입니다.

4부

석탄으로 얻고
잃은 것들

20. 석탄과의 거리 유지

많은 환경론자가 석탄의 퇴출을 위해서 신재생에너지의 활용을 제안합니다. 하지만 무분별한 신재생에너지 자원의 개발은 예상하지 못한 사회적 문제를 일으킬 수 있습니다. 4장에서는 여러 에너지원의 부흥과 몰락에 대해 언급하면서, 새로운 관점으로 에너지원을 살피고자 합니다.

타임머신을 타고, 1800년도 스웨덴에 살았던 과학자에게 친환경 에너지자원이 무엇이냐고 물어볼 수 있다면, 그는 석탄이나 석유라고 답할 것입니다. 석탄은 수천 년 동안 인류가 난방과 무기물 소재 가공을 위해서 자행했던 산림 벌목과 파괴 행위를 종료시킨 위대한 검은 돌이기 때문입니다. 하지만 스모그와 미세먼지를 내뿜는 석탄을 환경친화적이라고 생각하는 사람은 지금 아무도 없습니다.

마찬가지로, 2010년도 미국의 오바마 정부의 에너지 정책 수립에 관여한 과학자에게 미래 친환경 에너지원에 대해 묻는다면 '원자력'이라고 답할 것입니다. 원자력은 핵분열에서 발생한 에너지를 활용해서 증기를 만들어 발전하므로, 온실가스 발생량은 거의 제로에 가깝습니다. 또한, 당시에는 다양한 원자력 제어 기술이 발전했으므로 앞으로 스리마일섬 원자력발전소 사건이나 체르노빌 원자력발전소 사고 같은 일은 일어나지 않으리라고 예측했습니다. 하지만 2011년 3월에 일어난 후쿠시마 원전사고는 인간이 원자력을 제어할 수 있다는 믿음을 무너뜨렸으며, 이 사건으로 원자력발전을 환경친화적이라고 주장하는 사람은 다수가 아닌 소수가 되었습니다.

부끄러운 이야기이지만 2015년 당시, 저는 포항에 건축되고 있는 포항지열발전소에 대단한 자부심을 느꼈습니다. 지열발전소는 신재생에너지 자원 중 하나로, 수 킬로미터 지하의 물을 지열로 데운 뒤 이때 발생한 증기로 발전합니다. 따라서 사전 지질조사가 필수이지만, 포항지열발전소는 사전 조사 없이 추진되었습니다. 그 결과, 2017년 11월 포항지진을 유발하여 주민에게 큰 피해를 주고 말았습니다. 이 때문에 국내에서 지열발전소 건설을 재추진하기란 현재로서는 불가능한 것처럼 보입니다. 이를 통해 사람들은 지열발전소의 단점을 뼈저리게 학습했습니다.

자, 그럼 이제 타임머신을 타고 2100년의 대한민국 어딘가로 떠나봅시다. 그 시대를 사는 과학자에게 태양광발전에 대해서 평가하라고 묻는다면 어떻게 평가할까요? 저는 그가 태양광발전은 환경친화적이지 않다고 답변할 것 같습니다.

최근 상대적으로 땅값이 싼 산지에 태양광발전 시설을 설치한 이후, 태양광발전소 인근에서 잇달아 산사태가 발생하고 있습니다. 태양광발전소로 전기를 얻는다는 이득은 있지만, 녹지에서 자연스럽게 일어나는 식물의 광합성 활동을 저해한다는 단점도 있지요. 또한, 태양광발전소의 구성요소인 에너지저장시스템Energy Storage System, ESS의 빈번한 화재도 하나의 문제로 지적되고 있습니다.

일단 태양광에너지의 득실에 대해서 현실적으로 계산

해 보는 것은 어떨까요? 우리나라가 한 해에 사용하는 총 전기에너지 생산량을 태양광에너지로 진행한다면 어느 정도의 면적이 필요할까요? 정부의 전력통계정보시스템EPSIS에 의하면 우리나라의 총 전기에너지 생산량은 2020년 기준 57만 5,269기가와트시GWh입니다. 태양광은 날씨에 민감하므로, 태양광발전기의 하루 평균 발전시간 기대량은 평균 3.67시간입니다. 이를 고려해서 계산해 보면, 1메가와트의 태양광발전소 설비를 44만 대가량 건설해야, 태양광에너지로 우리가 필요한 전력을 생산할 수 있다는 계산이 나옵니다.

또한, 현재 기술로 태양광 1메가와트 발전설비 건설에 필요한 대지 면적은 1만 5,617제곱미터이며, 이를 약 44만 대의 필요량을 고려해서 수식으로 계산해 보면 우리나라 면적의 약 7퍼센트를 활용해야만, 현재 우리가 쓰는 전력을 모두 태양광에너지로 전환할 수 있다는 결론을 얻을 수 있습니다. 물론 태양광 전기 기술 개발로 발전 효율이 향상되고 있으므로 태양광발전을 위한 소요 면적은 점차 더 줄어들겠지요.

하지만 국토의 70퍼센트가 산지인 우리나라의 형편상

국토 면적의 7퍼센트는 전혀 작은 면적이 아닙니다. 표 1을 보면 알 수 있듯, 태양광 시설은 인구밀도가 낮고, 상대적으로 평야 지역이 넓은 전남, 전북에 대거 몰려 있는데 전라도의 비율이 전체의 51.1퍼센트를 차지하고 있습니다. 또한, 그림 6을 보면 알 수 있듯이 현재 태양광이 설치된 지역에서 임야가 차지하는 비율은 60.9퍼센트입니다. 건물의 옥상이나 외벽, 황무지 등에 설치하는 태양광발전은 권장해야 하지만, 임야를 파괴하고 기존 녹지의 광합성 능력을 포기하면서 발전소를 건설하는 행위를 친환경적으로 보기는 어렵겠습니다.[1516]

지역 구분	협의 실적(사업 건수)		개발 면적(ha)		평균 개발 면적(ha/건)
강원	290	(6.5%)	815	(7.8%)	2.8
경기	93	(2.1%)	217	(2.1%)	2.3
경남	289	(6.5%)	611	(5.9%)	2.1
경북	593	(13.3%)	1,577	(15.2%)	2.6
전남	1,534	(34.5%)	3,701	(35.6%)	2.4
전북	905	(20.4%)	1,608	(15.5%)	1.8
충남	551	(12.4%)	1,421	(13.7%)	2.6
충북	178	(4.0%)	430	(4.1%)	2.4
광역·특별시	10	(0.2%)	19	(0.2%)	1.9
합계	4,443	(100.0%)	10,400	(100.0%)	2.3

표 1 2018년 8월 기준 지역별 육상태양광 발전사업 개발 면적.[15]

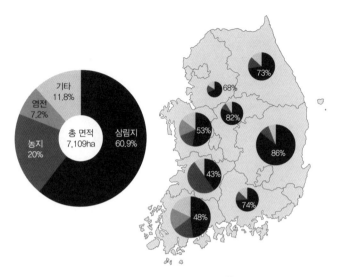

그림 6 태양광발전소 총 개발 면적에 대한 지목별 비율.[16]

   또한, 태양광 패널의 수명과 이로 발생하는 폐기물 처리 비용도 고려해야 합니다. 태양광 패널은 주기적으로 청소해 주지 않으면 발전 효율이 급격하게 감소한다는 단점이 있고, 우리나라와 같은 사계절의 급격한 온도 변화는 태양 전지 모듈의 신뢰성을 빠르게 저하하기 때문에, 태양광 패널 수명은 약 15~20년 정도로 예측됩니다. 국토의 7퍼센트를 뒤덮을 양의 태양광 패널을 생산하기 위해서는 수많은 화석연료로부터 에너지를 공급받아야 하고, 20년 주기로 교체하는 태양광 패널 폐기물 처리 비용과 여기서 나오는 심각한 중금속과 화학물질은, 원자력처럼 심각한 환경 문제를 일으킬 수 있습니다. 폐기된 태양광 패널에서 누출되는 사염화규소, 카드뮴, 인듐, 구리 등의 무기물과 과불화화합물 들은 미래의 환경오염 물질로 대두될 수 있다는 사실을 명심해야 합니다.

현실성 있는 에너지 정책에 대해서 고찰해 보기 위해서, 발전소의 설치 단가도 생각해 보겠습니다. 먼저 1메가와트 태양광발전소 설치 비용은 약 20억이고 앞서 언급한 44만 대의 태양광 설비를 대입해 보면, 2020년 기준으로 우리나라 한 해 전체 예산의 2배에 육박합니다. 그런데 여기에는 태양광 설비의 엄청난 유지관리 비용은 포함되어 있지 않습니다. 주기적인 태양광 패널 청소 및 관리 비용, 20년 주기로 발생하는 태양광 패널 교체 및 폐기물 처리 비용까지 고려할 경우, 태양광발전의 현실성은 더욱 떨어지게 됩니다.

미래의 우리 후손들은 대지 파괴와 태양광 패널로부터 생겨난 중금속 및 잔류성 유기 오염물질로 인해서, 태양광

161

4부 석탄으로 얻고 잃은 것들

에너지가 환경친화적인 선택이라고 생각하지 않을 수도 있습니다. 이처럼 기후변화를 막기 위해서 태양광에너지가 보조적인 역할은 할 수 있지만, 주된 에너지원으로 사용하기에는 현재로서는 그 한계가 명확해 보입니다.

21. 원자력에너지는 편법인가 해결책인가

또 한 가지 제가 언급하고 싶은 것은 탄소중립을 이루기 위해서 수많은 편법이 존재한다는 사실입니다. '편법'이라고 표현하는 이유는 이 방법들이 탄소세나 탄소 배출량을 줄일 수는 있지만, 궁극적인 해결책은 아니기 때문입니다.

미국이 처음 기후변화 및 온실가스 문제를 해결하기 위해 눈길을 돌렸던 것은 원자력에너지였습니다. 이 배경에는 이산화탄소 배출에 대해 구속력을 가지며 실질적 규제이자 기후변화 협약의 첫 시작인 교토의정서가 있습니다. 클린턴 행정부의 미국은 교토의정서에 매우 긍정적이었으

163

4부 석탄으로 얻고 잃은 것들

며, 1997년 12월에 이를 채택하여 2005년 2월에 발효하기로 약속했습니다. 지구온난화에 위기감을 느낀 미국 행정부가 온실가스를 줄이기 위해 시도한 첫걸음이었습니다.

하지만 2005년 교토의정서가 발효되기 전, 2001년 미국 석유화학 기업의 후원을 받았던 공화당의 부시 행정부가 출범하면서 상황은 급변했습니다. 경제 발전과 고용 안정을 이유로 부시 행정부는 교토의정서 의무 이행 대상국에서 탈퇴하기로 했습니다. 환경을 위해서 엄청난 비용이 들어가는 것을 인지한 미국 상원에서 교토의정서를 '만장일치'로 반대한 것이지요. 이 사건은 교토의정서가 미국 산업에 미치는 경제적 영향력이 얼마나 대단한지 알려주는 사건이었습니다.

부시 대통령은 교토의정서를 거부하는 것이 경제적 이유라고 솔직하게 인정하며 이렇게 말했습니다. "우리는 온실가스 감축을 위해 우리 우방국과 같이 노력할 것이다. 하지만 미국 경제와 노동자에게 피해를 주는 계획을 받아들이지는 않을 것이다." 또한, 많은 양의 온실가스를 배출하는 중국과 인도가 개발도상국이라는 명분으로 교토의정서에 포함되지 않은 것도 미국이 교토의정서 발효를 거부하는 이유가 되었습니다. 미국의 결정으로 인해, 호주 등의 나라들도 교토의정서 발효에 참여하지 않았지요. 여기에 더해서 2008년 세계적 금융위기는 국제적으로 기후변화에 대응하려던 움직임에 찬물을 끼얹었습니다.

2008년에 미국 제44대 대통령으로 당선된 오바마 대통령은 교토의정서를 다시 따르는 것을 결정했으며, 2020년까지 온실가스를 1990년 수준으로 감축하고, 2050년까지 1990년에 대비해 온실가스를 80퍼센트 정도로 감축하는 공격적인 목표를 세웠습니다. 하지만 세계적인 금융위기 상황에서 '경제적 이유'를 만족시키면서 온실가스를 감축시킬 수 있는 현실적인 방법을 쉽게 찾을 수는 없었습니다. 기업들의 온실가스 배출권 거래제를 통해서 얻은 이익으로 신재생에너지 산업을 육성하고 신규 일자리를 창출하는 것도 목표로 했지만, 당시 신재생에너지의 기술 수준은 공격적인 목표를 채우기에는 요원한 수준이었으며, 온실가스 배출권으로 미국 메이저 석유 및 에너지 관련 기업들을 등질 수는 없었습니다.

2009년 오바마 행정부의 에너지 정책팀은 경제와 환경, 두 마리 토끼를 한꺼번에 잡을 수 있는 현실적인 해결책을 제시했습니다. 바로 원자력에너지였습니다. 1979년 펜실베이니아주 스리마일섬에 있는 원자력발전소에서 방사능 누출 사고를 겪은 이후 미국의 신규 원자력발전소 건설은 사실상 중단되었습니다. 그러나 2010년 미국 오바마 행정부는 30년 만에 새로운 원자력발전소 건설을 지원하는 등 '원자력 르네상스'를 행동으로 옮기고자 한 것이지요. 조지아주 원자력발전소 건설만으로도 3,500개의 건설 관련 일자리와 800개의 영구 일자리가 생겨 '경제적 필요'를 만족시킬 수 있었고, 또한 핵분열을 활용하는 원자력발전소로 온실가스 배출량을 줄일 수 있어 '환경적 필요'도 만족시킬 수 있다는 논리였습니다. 미국 전력 수요가 급격하게 증가하리라고 예상하는 시점에서 오바마 행정부는 "원자력발전소는 화력발전소보다 매년 1,600만 톤의 탄소가스 배출량을 줄일 수 있다는 것"을 예상했고,[17] 이를 만족시켰습니다. 또한, 체르노빌과 스리마일섬에서 일어난 쓰라린 실수들은 원자력 제어 기술이 발전했으니 다시는 반복되지 않을 거라고 생각했습니다. 이로 인해서 원자력산업 관련 기업인 미국 웨스팅하우스와 일본 도시바의 기업 가치가 급등했고, 당시 대한민국의 행정부였던 이명박 정부에서도 원자력에너지를 지렛대 삼아 세계 온실가스 감축 계획에 적극적으로 동조할 수 있다고 확신했습니다.

하지만 2011년 3월, 동일본 지진과 더불어 일본 도쿄전력의 잘못된 위기 대응으로 인해서 후쿠시마원자력발전소의 원자로 3기에서 방사능이 누출되었고, 오바마 행정부의 원자력발전소를 활용한 온실가스 감축 계획은 산산조각 났습니다. 세계 원전의 절반을 지은 미국 웨스팅하우스와 이를 비싼 가격에 사들인 일본 도시바는 원자력산업과 같이 몰락했습니다. 2011년 12월에는 캐나다가 미국, 중국, 인도에는 적용되지 않는 교토의정서에 불만을 품고 탈퇴를 선언했습니다. 이를 시작으로 2012년 일본과 러시아까지 교토의정서를 탈퇴하게 되면서, 교토의정서는 현실적으로 존폐 위기에 몰리게 되었습니다.

미국 트럼프 행정부를 거치면서 기후변화에 대한 국제적인 노력은 계속 급감했고 원자력발전 산업은 더욱 침체기를 걸었습니다. 그러던 중 2021년 '청정에너지'를 강조하는 현재 미국 바이든 행정부가 등장하면서, 원자력발전에 대해서 우호적인 움직임이 다시 등장하기 시작했습니다. 미국 전체 전력 생산의 20퍼센트를 차지하는 원자력발전을 배제하면 기후변화에 대응하기가 더욱 어려워진다는 현실적인 판단이 반영된 것입니다.

이를 근거로 원자력발전 비중이 높은 프랑스는, 현재 원자력발전소에 대한 투자를 녹색 금융상품에 포함해야 한다고 요구하고 있으나, 독일, 오스트리아, 룩셈부르크는 이를 강력히 반대하는 상황입니다. 국내에서는 대선 기간 동안, 유럽에서는 원자력에너지를 RE100*에 포함시켰다는 뉴스가 보도되면서 원자력에너지를 친환경 에너지로 주장하는 사람도 많아졌습니다.[18]

인류가 직면한 기후변화라는 현실 속에서, 온실가스 감축에 대한 국제적인 노력이 요구될 때마다 원자력에너지는 합리적인 정책으로 지속해서 등장하고 있습니다. 우리나라도 2050년을 목표로 탄소중립을 선언했지만, 원자력발전소를 완전히 배제하지 않은 채 계획을 세우고 있습니다. 부족한 전력은 중국과 러시아에서 송전받겠다는 계획을 세웠는데, 아이러니하게도 이러한 전력을 국경 밖의 원자력발

• 태양광발전 혹은 풍력발전 등의 재생에너지만을 100퍼센트 사용하자는 캠페인 구호를 뜻한다.

전소에서 송전받는 것을 고려하고 있습니다. 우리나라에서는 상대적으로 안전성이 높은 '혁신형 소형모듈원자로small modular reactor, SMR'를 국회포럼이 출범시키며, 원자력에 대한 완전한 독립이 가능하다는 의견이 제시되고 있습니다. 하지만 국회의사당 옆이나 수도권에는 혁신형 소형모듈원자로를 설치하지 않으려는 모습에서, 이 기술도 안전성을 100퍼센트 담보하기 힘들다는 것을 간접적으로 시사하고 있습니다.

원자력발전소가 탄소중립을 위한 궁극적인 해결 방안이 아니라는 환경 단체들의 주장에는 동의하지만, 현실적으로 원자력 이외에 탄소중립을 달성할 수 있는 다른 대안을 찾기 힘든 것도 현실입니다. 원자력에너지에 대한 국제사회의 긍정적 시선 변화가 또 다른 원자력 재앙으로 다가올지, 기후변화의 현실적인 대응 방안이 될지는 천천히 지켜보아야겠습니다.

22. 석탄의 급진적 퇴출의 문제점

2021년, 대한민국은 요소수 파동을 겪었습니다. 요소수는 체내 노폐물의 수용성을 높여줌으로써 이를 소변으로 배설할 수 있도록 하는 주성분입니다. 이런 요소수가 어떻게 사회문제가 되었을까요? 수많은 매체의 엉터리 논리들은 사람들을 더 혼란스럽게 만들었습니다. 당시 요소수가 갑자기 부족했던 것은, 석탄이 부족해 단순히 석탄 사용량을 급진적으로 줄이려고 했던 중국 정부의 결정 때문입니다.

석탄은 탄소가 풍부한 물질이고, 요소는 탄소와 질소가 1 대 2로 구성된 물질입니다. 단순하게 석탄만으로 요소가 생산되지 않는다는 것인데요. 그렇다면 어떻게 석탄이 요소를 생산하는 데 활용되는 것일까요?

2장에서 잠깐 언급한 하버-보슈법을 사용하면 섭씨 400도의 열과 200기압의 압력으로 암모니아를 생산할 수 있습니다. 이 고온의 온도와 높은 압력을 만들려면, 인류가 쓰는 전체 에너지의 2퍼센트 정도에 해당하는 어마어마한 에너지가 소모됩니다. 그리고 80퍼센트의 암모니아는 석탄을 열분해해서 생성되는 일산화탄소와 반응해서 요소로 전환됩니다.

그럼 연간 2억 톤이 넘는 요소를 생산하기 위한 그 어마어마한 에너지와 일산화탄소는 어디서 생산할 수 있을까요? 바로 석탄입니다. 실제로 중국은 오래전부터 973계획을 세워서 석탄 가스화 프로젝트를 진행하여, 석탄에서 일산화탄소 같은 가스를 채취하여 암모니아를 대량으로 생산하고 있습니다. 그런데 최근 중국이 석탄 부족에 허덕이고, 또한 세계적으로 탄소중립이 강조되자 석탄 관련 소비를 줄이면서, 요소를 생산하는 공장이 가장 큰 타격을 받은 것입니다. 그리고 중국 내의 암모니아 및 요소 생산이 줄어들어 수출할 물량이 부족해지면서 우리나라에서도 요소수 대란이 발생한 것입니다.

이번에는 요소와 관련된 문제가 일어났지만, 전 세계적으로 다양한 석유화학 물질들이 산업용으로 활용되고 있습니다. 이 책에서는 주로 철강 소재와 석탄과의 상관성을 설명했지만, 실생활에 쓰는 대부분의 유기 소재들이 화석연료를 가공해서 생산되기 때문에, 소재적인 측면에서 석탄으로부터 독립하는 것은 매우 어려울 수 있습니다.

또한, 암모니아를 수소 등을 생산하는 미래 에너지 소재의 플랫폼으로 사용하자는 주장들도 많습니다. 하지만 암모니아를 대량생산 하는 데 엄청난 에너지가 소모되기 때문에, 암모니아를 석탄의 대체재로 사용하자는 주장도 설득력이 부족합니다. 이미 암모니아 생산을 위한 필수적인 에너지원이 석탄 등의 화석연료이기 때문이지요.

23. 수소경제에도 필요한 석탄

현재 수소경제의 한계는, 탄소라는 것이 에너지원일 뿐만 아니라 지구상 대부분 소재를 이루는 핵심 원소임을 망각하고 있다는 것입니다.

오래전 중앙아시아와 유럽이 만나는 카자흐스탄 동쪽 끝의 염해인 카스피해의 해수 담수화 시설에서 나오는 증류수를 맛본 적이 있습니다. 근래의 해수 담수화 공정은 분리막을 활용한 담수화를 진행하지만, 구소련 붕괴 전에 지어진 카스피해 인근의 해수 담수화 시설은 소금기가 가득한 카스피해의 염수를 증류해서 인근 도시에 생활용수로 공급했습니다. 해수 담수화 시설에서 증류된 물은 바닷물처럼 짜지는 않았지만, 약간의 짠맛이 남아 있는 것을 확인할 수 있었습니다. 열역학적으로 소금을 가열해서 물을 증류하다 보면, 공비혼합물 azeotrope이라는 열역학적 현상 때문에 두 물질이 섞여서 나오게 됩니다. 즉, 혼합물이 동시에 끓기 때문에 분별 증류법을 통해서는 순수한 두 물질로 완전하게 분리할 수 없습니다. 가장 흔한 예로 물과 에탄올이 섞인 술을 활용해서 증류주를 만들 때 100퍼센트 알코올을 함유한 술을 만들 수 없는 것과 같은 이치입니다.

이러한 열역학적 법칙이 금속 소재를 제작하는 데도 적용이 됩니다. 인류의 문명이 태동한 후 금속 소재는 나무, 석탄, 코크스 등의 탄소를 함유한 물질을 에너지원으로 제련이 되었기 때문에, 현재 쓰는 대부분의 금속 소재는 미량의 탄소를 함유하고 있습니다. 그리고 이러한 탄소를 함유한 금속 소재, 그 가운데 가장 대표적인 것이 탄소강입니다. 이를 활용하여 현대 문명의 많은 이기가 만들어졌습니다. 그리고 탄소와 금속 소재의 함량이, 현대 인류가 쓰는 소재 각각의 용도에 맞게 최적화되어 있는 것도 사실입니다.

지금껏 인류가 사용한 철을 제련하는 과정에 탄소가 에

너지원으로 사용되었고, 미량의 탄소가 합금원소인 철강소재에 함유되었다는 사실, 그리고 인류가 가장 보편적으로 활용하는 소재인 철에 탄소가 얼마나 많이 이바지하고 있는지는 대다수의 환경론자에게 잘 알려지지 않은 듯합니다. 또 탄소가 들어간 철은 더욱 유연하기 때문에 인류가 만드는 건축물들의 뼈대가 되기도 합니다. 만약에 탄소 함유량이 부족한 철강을 건축용 자재로 활용할 경우, 건물이나 다리 붕괴 빈도는 더욱 높아질 것입니다.

현재 미래 신기술로 화두가 되는 것은 '수소환원제철'입니다. 수소를 에너지원으로 삼아, 탄소 소모가 일어나지 않는 철강을 만들기 위한 기술이지요. 하지만 수소환원제철만을 통해서 철강을 생산할 경우, 이 철강을 우리가 지금까지 활용했던 철강 규격으로 제조하기 위해서는 추가적인 노력이 필요하다는 것을 인지하고 정책적으로 기술 개발에 임해야 합니다. 그런 의미에서 현재 이 책에서 주목하고 있는 정책이 '탄소제로carbon zero'가 아니라 '탄소중립carbon neutral'인 것입니다.

24. 오래된 미래, 탄소 소재

탄소는 수소, 헬륨, 산소에 이어 지구상에서 네 번째로 풍부한 원소입니다. 탄소는 지금까지 인류가 발견한 100여 가지 원소 중 가장 생명 친화력이 뛰어나서 생명에 관여하거나 유지하는 생화학 반응의 중심에 있습니다. 대표적 화석연료인 석탄은 연료로 인식하는 경향이 있지만, 소재로 활용되는 사례도 많습니다. 가장 흔한 목재부터, 연필심, 다이아몬드, 정수기나 배기가스 청정설비 속의 활성탄, 그리고 공기 정화 및 요리용 숯 등, 그 용도는 무척 다양합니다. 이러한 전통적 용도 이외에도 최근에는 리튬이온전지의 전극 재료, 항공우주산업, 제철 제강용 전극봉, 원자력 발전의 감속재, 기계 부품 등 그 활용 영역이 지속적으로 확대되고 있습니다. 오래전부터 탄소는 존재했지만, 인류는 그 진정한 가치를 천천히 인식하고 있는 것이지요.

석유화학 소재는 가벼운 대신 금속만큼 외부 충격에 강하지 않고, 전기가 잘 통하지 않습니다. 금속 소재는 외부 충격에 강한 대신에 상대적으로 무거워서 연비가 떨어지고, 화학적 내성(특히 내산성, 내염기성)이 높지 않습니다. 세라믹 소재의 경우 가볍고 강도도 상대적으로 높지만, 전기가 통하지 않거나 성형이 어렵다는 단점을 가지고 있습니다. 하지만 탄소로 제작된 신소재들은 위에 열거한 소재들의 장점들을 한꺼번에 갖는 경우도 많습니다. 가볍지만 금속보다 강도는 몇 배 높고, 화학적 내산성, 내염기성이 크면서도 전기 전도성이 좋은 탄소 재료들이 많습니다.

새로운 탄소 소재의 잠재성을 주목하는 이유 중 하나는 기술 혁신과 함께, 앞으로도 새로운 종류의 탄소 소재가 등장할 수도 있기 때문입니다. 예를 들어 최근 개발된 나노 다공성 탄소 소재meso porous carbon의 경우는 기공이 무수히 많이 있는 것은 값싼 활성탄과 같지만, 이것이 규칙화되어 있어서 수소저장소재 등 미래 소재로의 활용이 가능하며, 자성을 갖기도 합니다.

하나의 탄소가 이웃한 4개의 탄소와 결합해 사면체를 이루고 이들이 3차원적으로 결합한 다이아몬드는 산업적 강도가 가장 강한 재료입니다. 열 전도성과 화학적 안정성이 뛰어나 광범위한 분야에서 사용되고 있지만, 특히 높은 압력을 구현하는 고압 연구에서도 주연 자리를 차지합니다. 또 다이아몬드의 높은 강도야말로 극한의 압력을 구현하는 데 더없이 적합한 특성입니다. 같은 탄소 소재인 흑연과 다이아몬드의 전기 전도성은 분명한 차이를 보이는데, 흑연은 전기가 잘 통하여 전극봉이나 배터리 전극으로 활용되지만 같은 탄소로 구성된 다이아몬드는 전기가 전혀 통하지 않습니다.

각종 이동수단(항공기, 전기자동차, 드론 등)은 에너지 소비를 줄이기 위해 극한의 경량화를 추구합니다. 이에 따라 강도가 높으면서도 가벼운 탄소 소재의 사용비율을 늘리고 있습니다. 종래에는 금속으로만 제조 가능하다고 생각했던 소재를 탄소섬유가 대체한 것입니다. 이 소재는 알루미늄보다 중량은 4분의 1에 불과하면서, 강도는 철강보다 10배가량 크기 때문입니다. 전자 부품 소재의 경우에도, 오랫동안 사용하던 금속산화물을 전기 전도성이 좋고 저항이 낮은 탄소 소재를 적용하여 효율을 향상시킵니다. 기후변화용 경량 소재의 요구도 증가했고, 폭증한 배터리 수요에 대처하기 위해서 역설적으로 다양한 형태의 탄소가 더 많이 필요해졌으며, 따라서 미래 소재의 원료 물질로 석탄이 재등장할 가능성도 있습니다.

흑연

흑연은 탄소 소재 중에 우리에게 가장 익숙하고 저렴한 물질입니다. 흑연은 육각형 분자구조를 갖는데 흑연의 육각형 층들은 결합이 약해 쉽게 분리되기 때문에, 연필심 등의 저부가가치 용도로만 활용되었습니다. 하지만 흑연에서 단 한 층만 분리해 내면 2차원 물질인 그래핀이 되고, 흑연에 전기적 에너지를 가하면 탄소나노튜브나 풀러렌과 같은 신소재가 되기도 합니다.

흑연은 채굴해서 사용되는 천연 흑연과 석탄이나 코크스나 정제유를 제조할 때 발생하는 타르 등을 활용한 인조 흑연으로 나뉩니다. 세부적으로 들어가면 결정질 구조를 가진 것을 '인상 흑연'이라고 하고, 결정도가 낮은 흑연을 '토상 흑연'이라 부릅니다. 이러한 흑연의 사용처는 미래 산업과 연결되는 2차 전지 음극재, 원자로 감속재, 아크로용 전극봉, 반도체 실리콘 잉곳 제조 설비용 소재 등으로 활용될 수 있습니다. 또 흑연의 분자구조가 층상으로 느슨하게 얽혀 잘 미끄러지는 특성을 활용하여 윤활제로 이용하기도 합니다.

이 가운데 최근 급성장하고 있는 분야는 단연 전기자동차 배터리에 사용되는 2차 전지 음극재 용도입니다. 그 때문에 천연 흑연의 수요가 급증하고 있어 인조 흑연 제조가 불가피한데, 문제는 섭씨 3,000도에 가까운 온도에서 열처리가 필요하므로 천연 흑연보다 가공비가 더 많이 소요된다는 점입니다. 또 제조 단계에서 발생하는 에너지 소모와 이에 따라 발생하는 이산화탄소는 결국 온실가스 배출을 초래하여, 최근에는 상대적으로 저가인 천연 흑연을 가공해서 활용하고 있습니다.

흡착제와 탈취제로 활용되는
활성탄

활성탄은 바이오매스를 산소 없는 환경에서 열을 가해 탄화시킨 탄소 소재이며, 숯이라고도 합니다. 앞서 언급한 것처럼 활성탄 표면에는 미세 기공들이 무정형으로 매우 많이 존재하기에, 이 기공들이 악취를 발생시키는 미세 물질이나 오염 물질을 붙잡아 주어, 탈취제나 흡착제로 많이 활용됩니다. 활성탄이 가장 많이 사용되는 곳은 유해 물질 제거 설비인데, 주로 석탄화력발전소의 배기가스 중 중금속 수은을 흡착하는 공정이나, 제철소에서 배출되는 질소산화물을 제거할 때 사용됩니다. 최근 전 세계적으로 배기가스 기준이 강화됨에 따라 활성탄을 사용하는 수요가 증가하고 있습니다.

타이어 보강재로 쓰이는
카본블랙

카본블랙은 석유화학 과정에서 나오는 불완전연소 부산물 또는 석탄에서는 나오는 크레오소트 기름을 열분해해서 만들어 냅니다. 대부분이 탄성을 갖는 고무 제품(타이어나 호스)의 보강재와 또 다른 고무 제품의 강화제 그리고 인쇄용 잉크와 페인트, 지금은 잘 사용하지 않는 먹지 제조에 사용됩니다. 특히 유조차와 같은 발화를 방지해야 하는 자동차 타이어에는 카본블랙의 비중을 더욱 높여 타이어의 전도도를 크게 하는 데 사용합니다. 하지만 카본블랙은 불완전연소 부산물이므로 원하지 않은 시기와 환경에서 발생될 때는 환경오염의 원인 물질이 되기도 합니다.

전극봉에 사용되는
인조 흑연

현재 철강 제품을 생산하는 제조법은 크게 두 가지입니다. 첫 번째는 앞에서 설명한 고로법이며, 두 번째는 재활용된 철강 소재인 스크랩scrap을 고온의 아크를 발생시켜 녹여 철강 제품을 만드는 전기로법입니다. 전극봉은 전기로의 핵심 필수품으로, 흑연으로 구성됩니다. 다만, 일반적인 흑연과 다르게 전극봉은 흑연의 육각형 층간 배열을 한쪽으로 향하는 직선 구조로 만들어 전류의 흐름을 개선한 것입니다.

석탄을 가열해 성형하면 코크스가 만들어지고, 이때 석탄가스가 부수적으로 발생합니다. 이 석탄가스에 포함된 타르를 섭씨 2,500도 이상에서 재처리한 '인조 흑연'으로 전극봉을 생산합니다. 생산까지는 약 5개월이라는 긴 시간이 소요될 뿐 아니라 전극봉 제조 과정은 고도의 기술을 필요로 합니다. 또 석유 및 석탄의 부산물인 니들 코크스needle coke, 콜타르 피치coal tar pitch 등의 주 원료비가 생산원가의 약 50퍼센트를 차지한다는 약점이 있습니다.

또한, 흑연봉은 알루미늄 제련용 양극용 전극으로, 음극은 스틸판에 흑연을 코팅한 재료로 구성됩니다. 양극은 흑연을 피치계 바인더로 성형한 전극봉으로 활용합니다. 양극에는 전해된 기체 산소가 발생하는데, 공정 온도가 섭씨 800도가 넘는 상태이므로 전극봉의 탄소가 산화되어 마모되기 때문에 일정 주기로 교체해 주어야 합니다. 하지만 알루미늄의 수요가 점점 늘어가고, 동시에 친환경 전력으로 생산해야 하지만 여전히 탄소전극이 필요하기 때문에 여러모로 딜레마에 처한 상황입니다. 한편 페로알로이(Fe-Si, Fe-Mn, Fe-Ni 등)를 제조하는 전기로에서는 소더버그 전극봉Sodeberg electrode을 사용하는데 이 특수한 전극봉은 70~80 퍼센트의 입상탄소덩어리*를 피치바인더를 혼합하여 전극봉 케이스에 연속적으로 충진·가열하여 사용합니다. 이 방식의 전극봉은 최근 수소환원제철법의 등장으로 향후 그 사용량이 증가할 것으로 예상됩니다. 석탄을 사용하는 코크스 고로법을 대폭 줄여나가고 스크랩 등을 이용한 전기로법으로 전환해야 하는데, 전기로에서 반드시 필요한 전극봉은 석탄, 석유와 같은 화석연료 기반 소재가 필요하다는 점이 참으로 아이러니합니다.

따라서 지금과 같이 저탄소, 탄소중립에 대한 큰 변혁이 필요하다면 향후 철강업은 탄소(석탄)를 많이 소모하는 용광로에서 철광석의 불순물을 직접 제거하는 공정의 비율을 낮춰가야 합니다. 또 철강 스크랩 재활용 사용량을 대폭 늘려나가는 것이 필요한 상황이며, 천연 흑연만으로는 거대한 수요량을 대체할 수 없는 상황입니다.

---

* 대부분 소성된 무연탄이나 석유계 코크스, 혹은 흑연을 뜻한다.

원자로 감속재

원자력발전의 원료로 흔히 사용되는 우라늄에는 세 가지 동위원소가 있는데(우라늄 234, 우라늄 235, 우라늄 238), 이 가운데 우라늄 235는 핵분열을 일으켜 에너지를 회수합니다. 핵분열을 위해서는 중성자를 우라늄 235에 충돌시켜야 하며, 속도가 빠른 중성자는 주로 우라늄 238과 반응합니다. 고속 중성자와 반응한 우라늄 238은 플루토늄이 될 에너지를 방출하지 않으므로, 에너지 회수를 위해서는 우라늄 235와 반응하는 속도가 느린 중성자가 필요합니다. 통제할 만한 수준의 중성자 수를 유지하기 위해서는 흡수가 가능한 물질이 필요한데 대표적인 것이 경수, 중수입니다. 대부분 이런 물이 변형된 물질을 사용하지만, 가스냉각로 방식의 원자로에서는 흑연이 부분적으로 활용되고 있습니다.

나오며

인류의 역사만큼이나 석탄이라는 물질의 역사도 무척 오래되었습니다. 특히 인류의 역사 안에서 석탄은 중요한 역할을 했고, 인류의 근대화를 상징하는 물질이기도 합니다. 한국도 화석연료, 그중에서도 석탄을 사용한 기술의 정점에서 산업화를 이루어 냈지만 지금은 화석연료 중독국이라는 오명을 얻게 되었습니다. 이 과정을 우리는 다시 생각해 볼필요가 있습니다. 식민지 시대, 열강의 틈에서 생존하기 위한 몸부림으로 시작된 근대화, 그리고 남북 분단이라는 특수성까지 겹친 상황에서 석탄과 같은 풍부한 자원을 통해세계 10대 교역국의 자리까지 이르게 된 것을 생각해 봅니다. 기후 위기라는 긴박한 상황에 따라 전 세계에서 최고경쟁력을 확보했던 석탄 산업이 한순간에 폐기해야 할 적폐 연료로 단순화되는 상황에 대해 고민해 봅니다.

인류는 석탄을 포함한 화석연료를 에너지원으로 삼아기술 개발과 문명의 발전을 이루어 왔습니다. 앞서 논의한 대로 이러한 에너지원은 크게 단순히 열원에서 출발하여 고유한 화학반응과 재료 개발의 원료로까지 기능이 확대되어 왔습니다. 그리고 현재는 이른바 탄소중립 혹은 탈탄소라는 키워드가 전 세계적인 관심거리가 되어 무차별적으로 탄소 저감에 대한 논의가 진행되고 있습니다. 우리는 여전히 경제성의 잣대로만 화석연료의 역할을 논하고 있습니다. 많은 화석연료는 단순히 에너지원으로 사용되기도 하지만, 대체하기 힘든 부가가치 재료로도 활용되고 있습니다. 하지만 그동안 우리는 이를 인지하지 않은 채 무차별적으로 석탄을 남용하였다가 이제는 환경 파괴의 주 물질인 양 배제하려고만 합니다.

최근 사회적 관심이 되고 있는 전기, 수소 연료전지 자동차 등과 같이, 석탄이 충분히 대체 가능한 다른 에너지로 전환될 가능성을 엿보는 것은 긍정적입니다. 그러나 무리하게 다른 에너지로 석탄을 대체하려거나 혹은 무조건적인 전환을 생각하고 있지는 않은지 재고해 봐야 합니다.

석탄을 연료로서 직접 사용하는 것은 저렴하지만, 환경적 이슈를 고려하는 이른바 전 주기적 순환 관점에서 석탄의 가치를 산정한다면 절대 경제적이지 않다는 주장이 많습니다. 이전 세대 혹은 석탄의 유용성을 발견한 이래, 계산하지 못했던 여러 이슈가 제기되어 왔습니다. 유황 성분이 포함되었기에 산성비나 산성화가 초래되었고, 석탄재 등의 흩날림으로 환경과 인류의 건강이 위협받았으며, 여전히 연소 산물인 이산화탄소 외에도 초미세먼지의 원인이 되는 황산화물, 질소산화물 등에 관한 논의가 진행되고 있지요.

그러나 탄소가 대기 중의 이산화탄소로 남겨진 후 자연 생태계에서 흡수, 재이용되는 한계를 넘어서면서 지구온난화의 결정적 원인 물질이 되었다는 주장이 일반적입니다. 따라서 탄소는 일순간 이 땅에서 영원히 퇴출당해야 하는 원인 물질로 지목되었고, 기후변화에 절대적 영향을 미친 특정 산업군, 특히 철강, 시멘트, 석유화학 산업 등이 전 세계에서 논란이 되고 있습니다. 이런 산업은 근대화, 식민지화, 제국화의 산물이었고 이미 그런 산업을 통해 성장하고 그 폐해를 일찍 경험한 나라들은 선진국이 되기 전에 이러한 산업을 개발도상국으로 이전시켰습니다.

그런 국제적인 가치 사슬로 재편성된 역사를 이해하면서 석탄사용에서 발생되는 문제를 해결해야 합니다. 우리나라 산업의 구조와 맥락을 고려하여 새롭게 대두된 시각과 잣대에 대응해 나가야 할 것입니다. 무작정 새로운 질서를 재촉하는 서구의 시각을 종속적으로 받아들이기보다는 단순한 열에너지원으로서의 기능은 적극적으로 대체하되, 소재로서의 석탄의 순기능은 다시 한번 고민해야 합니다.

앞서 살펴본 대로 화석연료로 대표되는 석탄, 석유, 천연가스는 그 가치를 발견했던 순간 인류를 구할 혁신적 발명의 대상이었고 인류사에 굵직한 변화를 가져왔습니다. 부인할 수 없는 것은 현재 우리가 누리는 삶의 대부분이 석탄과 석유 등을 기반으로 하는 산업에 직간접적으로 연관되어 있다는 것입니다. 즉, 석탄, 석유의 발명은 또 다른 의미의 생태 보전이 되었는데 그에 대한 찬사는 온데간데없고 이제는 생태 파괴의 주범이 되고 말았습니다.

최근 러시아와 우크라이나 사이 전쟁으로 에너지 수급이 불안정해지면서 탄소중립의 열풍 속에서 빠르게 탈화석연료 정책을 추진하던 유럽 지역의 입장이 변화한 뉴스를 접하게 되었습니다. 이는 화석연료에 대한 인류의 높은 의존도를 증명하며, 적극적인 사용 절감 속에서도 그 속도를 조절해야 한다는 필요성을 인식하게 된 계기가 되었습니다.

이 책을 쓰면서, 화석연료의 사용과 효과를 역사적 배

경을 동반해 정리하다 보니, 석탄은 현재의 부정적 잣대로 평가하기에는 다소 아쉬운 복합적인 배경을 가지고 있음을 알게 되었습니다. 저는 어쩌면 물질과 기술, 모든 것들은 '가치 중립적'이라는 것을 강조하고 싶습니다. 그 기술이 불편한 것이 아니라 인간의 과한 탐욕과 욕망으로 이러한 상황이 벌어진 것이지요. 따라서 그 기술을 단순히 버려야 할 대상으로 인식하는 것은 지나치게 단선적인 관점입니다. 오히려 그 대상이 갖는 가치와 의미를 재인식하여 바라보면서 문제의 근원이 되는 과도한 욕망의 플러그를 찾아 조금씩 제거해 나가는 노력이 필요합니다.

왜 인류가 나무와 석탄으로 제철을 시작하게 되었으며, 왜 인류가 원유를 열망하게 되었는지 근본적인 해석을 동반하지 않은 채 단순히 제거 대상으로서 화석연료를 바라본다면 또다시 같은 결론을 반복할 가능성이 있습니다. '석탄 제로'가 아닌 '석탄 중립'에 대한 저의 고민이 독자에게 잘 전달되기를 바랍니다.

이상호

주

1 국제에너지기구, 〈세계에너지전망보고서2015〉, 2015.

2 「이대로 가다간… 2030년 한국 '1인당 CO2 배출량' 주요국 중 1위 될지도」,《한겨레》, 2021. 5. 9.

3 Hayatsu et al, *Organic Chemistry*, Vol. 6, 1984, 463~471.

4 Lemley, *Discover 24*, 2003.

5 김길환,『문명과 에너지』, 21세기문화사, 2000.

6 환경운동연합,「전쟁 무기를 얻기 위해 숲은 얼마나 파괴될까」, 2013.

7 오세영,『구텐베르크의 조선』, 예감, 2008.

8 山口一良, "石炭/コークス鐵鋼技術の流れ, 第2シリーズ"坂輪光弘, 日本鐵鋼協會, 2002.

9 바츨라프 스밀,『에너지란 무엇인가』, 삼천리, 2011.

10 Franz Schmithüsen, "Three hundred years of applied sustainability in forestry", *Working papers / Forest Policy and Forest Economics Department of Forest Science*, International series, 2013.

11 고정희,「지속가능성의 발명」,《SPACE》, 2016. 11.

12 Nils Ekholm, *Quarterly Journal of the Royal Meteorological Society*, 1901.

13 Svante Arrhenius, *Philosophical Magazine and Journal of Science*, 1896, Vol 41, 237~276.

14 J. Huang et al, *The Lancet Planetary Health*, 2018. 2, 131.

15 박종윤,「KEI 포커스 제50호 육상태양광 발전사업의 환경평가 현황과환경적 수용성」,『KEI 포커스』, 7(7), 2019.

16 박종윤, 앞의 글, 2019.

17 에너지경제연구원,『세계에너지시장인사이트』, 제15-22호, 2015. 6.

18 「재생에너지(renewable energy) 100, RE100은 무엇인가?」,《경기평화신문》, 2022. 2. 14.

석탄 사회

탄소중립 시대, 사라지지 않는 석탄이 그리는 산업의 미래

ⓒ 황동수·이상호 2022, Printed in Seoul, Korea

초판 1쇄 펴낸날	2022년 12월 28일
초판 2쇄 펴낸날	2023년 1월 9일
지은이	황동수·이상호
펴낸이	한성봉
편집	최창문·이종석·조연주·오시경·이동현·김선형
콘텐츠제작	안상준
디자인	정명희
마케팅	박신용·오주형·강은혜·박민지·이예지
경영지원	국지연·강지선
펴낸곳	도서출판 동아시아
등록	1998년 3월 5일 제1998-000243호
주소	서울시 중구 퇴계로30길 15-8 [필동1가 26] 무석빌딩 2층
페이스북	www.facebook.com/dongasiabooks
전자우편	dongasiabook@naver.com
블로그	blog.naver.com/dongasiabook
인스타그램	www.instargram.com/dongasiabook
전화	02) 757-9724, 5
팩스	02) 757-9726

ISBN	978-89-6262-476-2 93320

만든 사람들

책임편집	이종석
디자인	박진영
교정 교열	원보름
크로스교열	안상준